Flight to *Arras*

航向阿拉斯

安東尼・聖修伯里　著

Antoine de Saint-Exupéry

林欣誼　譯

I

EMISPHERES
UPE 2/33

我一定是在作夢。在夢境裡，我彷彿回到了十五歲，回到了學校。我全神貫注在幾何數學題上，雙手撐住老舊的黑色課桌，精確地使用著圓規、尺、量角器解題。我安靜又用功。

同學們在我身旁的座位低聲交談。其中一個站在黑板前，用粉筆寫下算式，其他不想念書的人玩著橋牌。門外的樹枝隨著微風輕輕搖曳，我放下作業，凝視著。身為認真的學生的我不見了，變成一個懶惰鬼。沐浴在耀眼的陽光下，我感到平靜。在我們所駐紮的教室裡，陳舊的木製桌椅、粉筆、黑板，有著兒時熟悉的氣味，我愉悅地深深吸氣。想到自己備受呵護與關懷的童年，一股安全感油然而生。

生命的歷程是再清楚也不過了。我們先是孩子，被送到學校去，交朋友，接著上中學——然後畢業。我們被授予某種文憑，懷著忐忑不安的心，跨過那道門檻，走過那扇門廊，在到達另外一側的瞬間，我們就長大了。我們將腳踏實地，想辦法用自己的方式生活，往前邁進。我們會面對真正的對手，挑戰自己的能耐。直尺、丁字尺、圓規是我們打造世界、贏得勝利的武器。遊樂的時光已經結束了。

我凝視著搖晃的樹枝想著。面對未來的生活，男孩們是毫不畏縮的，反而迫不及待。成人生命中的那些妒忌、試煉和傷悲，無法嚇跑他們。

但我和其他男孩可不一樣！我坐在這間教室裡，知道自己是多麼的幸運，還不急著面對人生。一個自知深受庇護的男孩……

杜特走了過來，我叫住他。

「坐下吧，我變紙牌魔術給你看。」

杜特面對我，在一張跟我的座位一樣老舊的桌前坐了下來。當他洗牌時，我可以看到他搖晃著雙腿。我挑出了他心裡想的那張牌，得意極了！他大笑，我也跟著微笑。佩尼柯特走過來，把手臂搭在我的肩上：

「最近好嗎？老朋友。」

這一切是多麼的平和溫馨啊！

一位學校的督導——是督導嗎？打開門，叫了兩位同學出去。他們放下尺和圓規，起身，踏出教室。我們目送他們出去。他們的校園生活已然結束，接下來要走向的是真實人生。他們將驗證自己所學的知識，並學以致用。身為成人，他們將在與對手的交鋒中，試驗計算過的那些公式。

這學校真奇怪。在這裡，我們每個人依序前進，不說一句道別。那兩位剛剛起身離開的同學甚至不回頭看我們一眼。即便未來的人生可能顛沛流離，把他們帶往比中國更遙遠之地。好遠好遠啊！從學校畢業後，我們將四散各處。誰能發誓彼此還會重逢？

我們這些留下的人，待在教室中，如同待在溫暖的巢穴裡，繼續低聲交談。

「看哪，杜特。今晚……」

然而，那扇門又再度打開了。一聲響亮的呼喊劃破了寧靜的教室，如同法庭的宣判。

「聖修伯里上尉和杜特中尉，向少校報告！」

學校生活結束了，真實人生開始了。

「你早知道該我們上場了，對吧？」

「佩尼柯特今早飛了。」

「噢，是的。」

所謂該我們上場，指的是我們被分派到一個偵察任務。時間是一九四○年五月底，正是我軍大撤退，兵敗如山倒的災難之時。飛行員前仆後繼地犧牲，就像試圖用一杯水撲滅森林大火般，人人視危機和風險的概念如耳邊風。整個法國軍隊只剩五十支偵察小組，每三人為一組：飛行員、觀測員、射擊士。五十支中的二十三支組成了我們的單位：２－３３中隊。三週內，二十三支隊伍只剩下了六支。我們中隊就像是風中殘燭般，快速消融如滴蠟。昨天我和嘉瓦中尉聊天時提到：「我們戰後再說吧。」話才說完，嘉瓦便回：「上尉，你還覺得我們能活過這場戰爭嗎？不會吧？」

嘉瓦沒在開玩笑，他嚇壞了。我們很清楚，除了將自己投入這場如同森林大火般燃燒的戰爭中，我們別無選擇。就算這一切毫無道理可言。整個法軍只有五十支偵察小組，而整個法國軍隊的作戰策略都落在我們的肩上。戰爭的森林大火正猛烈地燃燒，卻有人希望用幾杯水來撲滅它，這幾杯水當然註定要被犧牲了。

就是這樣了。誰會想抱怨呢？我們之中除了「長官，非常好！」「是的，長官！」「謝謝，長官！」「沒錯，長官！」什麼時候聽過其他的回答了？在法國即將步入終戰的這段期間，有種感覺籠罩著我們，一種荒謬感。所有事物在我們身邊一一裂解，崩塌陷落。這崩壞感太過徹底，就連死亡本身對我們而言也變得荒謬。死亡，在這團混亂的局勢中，已不算什麼。我們自己也不算什麼。

杜特和我到了少校的辦公室。少校名叫阿里亞斯，我寫這篇文章時，他人還在突尼斯指揮2－33中隊。

「午安，聖修！哈囉，杜特！坐。」

我們坐下。少校在桌上攤開一張地圖，轉身對下屬說：「幫我拿氣象報告來。」

他坐著，不斷用鉛筆敲桌子。我看著他，他臉色憔悴，幾乎都沒有睡。他最近不斷地開車，整晚來回奔波到臨時參謀總部，也被召去師部和旅部，向軍備補給站強烈抗議並爭取他們答應要給但總是食言的裝備。這期間他的座車常塞在車陣中動彈不得。在我們被敵軍逼得四處竄逃，處境像是在冷酷的法警車中痛苦掙扎的壞蛋時，他負責督導我們機組員最後一次撤退和最近一次的移防。阿里亞斯成功地救回了我們的飛機、貨車，以及空軍中隊軍需品和文件檔案。他看起來疲憊不堪，氣力用盡。

「嗯……」他說話了，手上的鉛筆不停地敲打桌面，眼睛仍然不看我們。

沉默了幾秒後，少校再度開口：「這他媽的太爛了。」他聳聳肩，總算說出心裡話：「他媽的爛任務，但參謀總部說要這樣做，就是要這樣做。我和他們吵，但他們還是堅持要做……就是這樣。」

杜特和我坐著，望向窗外，這裡的樹枝也同樣隨著微風搖動。我聽見母雞的咯咯啼叫聲。我們的戰情室借駐在一間校舍中，少校的辦公室設置在一間農舍裡。

要用幾頁虛偽的文字來描寫明媚的春日、正在熟成的果實、穀倉旁滿院子長得胖嘟嘟的小雞、抽高的麥穗，來對比近在咫尺的死亡，是再簡單也不過了。但我不會這麼做，因為我不認為平和的春日背後組成的是死亡的概念。為何生命的甜美到頭來是一場諷刺呢？

然而，當我望向阿里亞斯的辦公室窗外，一個模糊的想法卻確實地閃過腦中。「春天已死。」我喃喃自語，「季節錯亂了。」我曾飛越廢棄的打穀機和收割機，看見摩托車被丟棄在路邊的溝渠中。我也曾偶然到達一座積水的村莊廣場，廣場上的水龍頭——所謂的「水源」——大開，水流源源不絕地湧出。

突然間，一個十分荒謬的影像出現在我腦海：我以為時鐘壞了，所有在法國的時鐘——都壞了。教堂尖塔上的鐘、火車站內的鐘、廢棄空屋煙囪上的鐘、納骨塔裡的鐘。「戰爭啊，」我對自己說，「戰爭讓時鐘不再轉動，作物再無收成，農具車無人上油保養。而水源呢，本來人們汲水、送水以解渴、以洗滌村裡婦女週日禮拜時穿的美麗衣裳，現在這些水卻四處流淌，淹沒了村莊教堂前的廣場。」

至於阿里亞斯，講話的語調就像病床旁的醫生。「嗯，」醫生邊說邊搖頭，「這狀況很棘手。」暗示著你該開始寫遺囑，要有心理準備，即將離開身邊親愛的人而去。不用問也知道，杜特跟我想的一樣：阿里亞斯意有所指，正是要讓機組員犧牲。

「再說了，」阿里亞斯繼續說著：「現在事情就是這樣，再去擔心勝算有多少，也於事無補。」

有道理，一切已於事無補，而且這並非誰的錯。開心不起來，不是我們的錯；要面對我們這些下屬而感到不自在，不是少校的錯；要發號施令，不是參謀總部的錯。少校因為荒謬的指令而心煩意亂，我們知道這指令很荒謬，而參謀總部也是知道的，他們為了下指令而下指令，在戰爭時，下達命令是他們的工作。大家都知道戰爭是什麼樣子：騎著駿馬的騎士——或者用現代一點的說法，摩托車騎士——負責傳達指令。指令造就了事件，改變了世界的面貌。在騷動和絕望之中，指令到來，這些英俊的騎士就像星星——捎來未來的訊息，從熱氣蒸騰的馬背上擲向軍隊，這些指令重建世界的秩序——這就是戰爭的真實樣貌，或是被我想像力視覺化的戰爭。所有人努力地讓戰爭變得更像戰爭，誠心地遵守遊戲規則，讓戰爭本身或可心悅誠服地扮演它應有的角色。

為了打場像樣的戰爭，參謀總部下了這種犧牲空軍的命令。同時，沒有人願意承認這場戰爭打得毫無道理如同一場空，也無前例可循，就像斷了線的傀儡木偶，依舊被人拉扯著。

參謀總部慎重其事地發布了從未傳達的命令，並要求我們提供無法拿到的情報。空軍弟兄並不負責向參謀總部匯報戰爭的全貌，偵察隊員或許能測試或查證參謀總部對戰局的推測，但現在已沒什麼好推測的了。他們要求五十支偵察小組描述出戰爭的全貌，但實際上，全貌並不存在。參謀總部做出這樣的請求，簡直就是把我們當成了一夥算命師。

當阿里亞斯說話時，我瞄了杜特——我的算命觀測員——一眼。後來他說了下面這些話：

「他們把我們當什麼了，竟把我們送去做低空偵察任務？昨天我才向某個師部的上校嗆聲，他也說了同樣的鬼話，『你告訴我，』我對他說，『告訴我要如何在五十英尺的高度，以每小時七百英里的速度向你們報告敵軍的方位？』他看我的眼神好像認為瘋的是我不是他，『怎麼？』他說，『這很簡單啊，看他們有沒有射擊你就知道了。如果他們射你，他們的所在位置就是德軍啊。』你能想像嗎？那個大蠢蛋！」

有件事杜特很清楚，但上校可能忘了：法國陸軍從未看過法國飛機。我們大約有一千架飛機，散布在敦克爾克和阿爾薩斯之間。對地面上的人來說，飛機等於是無垠天際中的微小存在，只要有飛機從我方領空轟隆而過，就被理所當然地當作是德軍；只要一聽到飛機聲，在看到飛機前就必須擊發防空高射機槍，否則敵軍便會在眨眼之間投下炸彈。

「用他們的方法，我們帶回來的情報可說是極其昂貴！」杜特說。

當然了，參謀總部必定會參考我們的情報，因為在戰爭的形式中，情報官就該運用情報。但就算是他們這種按圖索驥的作戰方式也失敗了。幸好，我們心知肚明，他們是無法運用我們帶回的情報的。我們或許能帶回情報，但這些情報永遠無法送到參謀總部。道路可能阻塞、電話線可能被剪斷、參謀總部可能在倉皇中遷移，而真正重要的情報：敵軍的位置，不用等我們告知，敵軍大有可能會自行揭露。

舉例來說，前幾天我們2－33中隊不斷撤退到拉昂附近，當我們正想弄清楚現在離前線距離多遠、還有多久又要被迫撤離時，一位中尉被派去向七英里外的陸軍司令報告軍情。在機場到總司令部的半路上，中尉的車碰上一輛壓路機，其後埋伏著兩部裝甲車。中尉的座車立即掉頭離開，但一陣機關槍掃射後，中尉被當場擊斃，開車的駕駛也受了傷。裝甲車是德軍，是他們讓我們學到所謂的「前線」在哪裡。

參謀總部就像是個橋牌好手，被坐在隔壁房間玩牌的人詢問：「你看我該怎麼出黑桃皇后這張牌？」這位好手怎麼可能在完全看不見那場牌局的狀況下，給出關於黑桃皇后這張牌的意見？

但事實上，參謀總部不能不給意見。此外，只要他們手上仍握有一定的兵力，就必須充分運用，否則他們就會失去對軍隊的控制，敵軍也會施加壓力，因此參謀總部必須冒險。只要有戰爭，參謀總部就必須有所動作，就算這動作是盲目的。

儘管如此，當自己不在牌桌上，黑桃皇后的打法就實在難說。同時之間，我們學到——剛開始很驚訝，後來就覺得這是理所當然——機器一旦有了裂縫，就會停止運作，軍人們也不再有任務可以執行。

你或許會認為在撤退和落敗之時，會有許多急需處理的問題一一浮現，讓人難以決定該如何安排優先順序。但實際上，對一個落敗的軍隊而言，問題會自動消失。我的意思是，落敗的軍隊已被排除於牌局之外，一個不在牌局中的軍隊，要飛機、坦克、黑桃皇后有什麼用呢？你手握著王牌，猶豫著下一步，絞盡腦汁思考它的用處，然後在有機會贏的時候將牌孤注一擲。

通常人們認為戰敗時的局勢，會是一陣喧鬧和忙亂，其實正好相反。

喧鬧和忙亂是勝利的象徵。勝利是一種行動，是正在大興土木的屋舍。參與勝利之役的人們揮汗喘息，搬運著蓋房子的石頭；而戰敗的一方則疲憊不堪、支離破碎、百無聊賴，更感到一切徒勞無功。

我們被分派的偵察任務，從一開始就是徒勞的。殺戮隨著日子一天天地過去而不斷增加，徒勞無功的感覺也是。面對兵敗如山倒的狀況節節進逼，我們的指揮官只能拿出僅有的籌碼，祭出唯一的王牌。而坐著聽少校講話的我和杜特，就是他們的王牌。

少校正向我們概述下午的戰略行動。他要派我們先飛到三萬英尺執行高空照相的偵察任務，接著飛至兩千英尺，到散落於阿拉斯廣大區域附近的德軍坦克營地上空進行偵察。他的語調從容不迫，像是在說：「然後你沿著右邊第二條街走到廣場，就會看到一間菸草店。」

除了「遵命，長官」，我們還能說什麼？偵察行動已徒然至此，我們的話語有多浮誇，這偵察任務就顯得有多麼徒勞無功。

我自己的想法是：「又一組被拋棄的飛官。」我和自己對話。在腦海一片混亂、被各種事物糾纏之時，仍和自己說，我必須等待。如果我們飛得回來，且當晚還活著，那就到時再來思考。

如果我們還活得成的話。當偵察任務不「棘手」時，三架飛機裡可能有一架回得來。這比例在任務棘手時自然不一樣。但我並不是在計算我的存活機率。坐在少校的辦公室裡，死亡之於我，既不莊嚴、不壯麗、不壯烈也不辛酸。死亡對我來說只不過像是錯亂的象徵，是失序的後果。空軍中隊失去我們，有點像是在轉乘火車時遺失行李一般。

並不是說在戰爭、死亡、犧牲以及法國的議題上，我除了現在寫的內容之外沒有其他的想法。但坐在少校的辦公室，我的思緒失了方向，言語含糊。我的想法自相矛盾，對真理的看法四分五裂，而我只能盡量檢視一片又一片的碎裂思緒。「如果我還活著，」我對自己說，「我今晚就會好好想一想。」令人喜愛的夜晚啊！讓言語消逝也讓事物甦醒的夜晚，在白天破壞性的分解完成之後，讓所有真正重要的事物重回完整與圓滿，讓人們重整脆弱的自我，與樹木一同平靜地成長。

許多家庭在白天裡爭吵，但夜晚讓吵架的人們重新找回愛意，因為愛本身已超越了言語所能表達。男人在星空下斜倚著窗，再度為明天的生計、為身旁熟睡的妻子，也為脆弱的、細緻的、意外的一切負起責任。愛不是一種思想，而是一種存在。我坐在阿里亞斯面前，渴望著夜晚，渴望自己能夠重生而成為值得被愛的人。當夜晚來臨時，我將為文明、為人類的命運、為祖國的袍澤之誼而思考。夜晚，或能讓我往某種強烈但一時半刻無法確切定義的目標飛奔效力。夜晚，讓我有機會能修復自己混亂的語言能力。我如同詩人般渴求夜晚的到來，如同一位真正的詩人，感到自己被一種模糊而強大的東西占據，為了捕捉它，詩人奮力地試圖從圍繞著這東西的重重壁壘中拼湊出此物的形象，從影像中的圈套去進行捕捉。

當我坐在那裡期待著夜晚降臨，我一度感到自己似乎被神的恩典所遺棄。確定的是，我會和杜特一起光榮地完成任務。但我們執行任務的方式，好似心中已無神明，卻仍要將一場不再有意義的古老酬神儀式發揚光大。我告訴自己，等待夜晚來臨吧！如果到時我還活著，我將走上穿越我們村莊的那條道路，將自己單獨而安全地隔絕於我所愛的孤寂裡。如此，我或許就能領悟，為什麼該去死的人，是我。

II

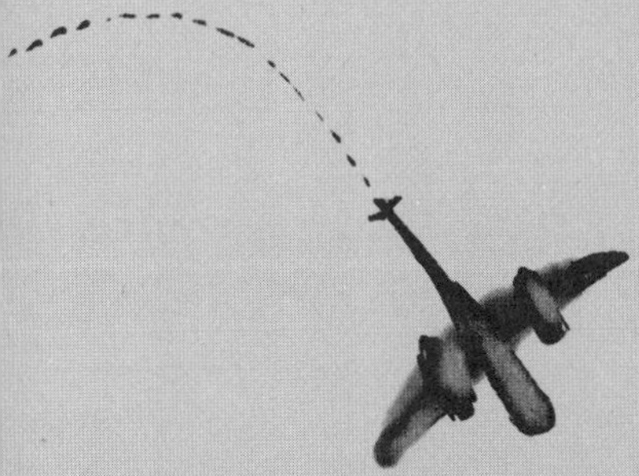

我從白日夢中回神，而且是被一個可怕的提議給嚇醒的。

「如果你覺得無法勝任這次的偵察任務，聖修，如果你今天不想行動，我可以……」

「喔，少來了，少校！」

這提議愚蠢至極，他很清楚。至於他為何還要這樣說，我也知道。如果飛行員再也沒有回來，你就會記起他被交付任務之時，那嚴肅的神情，讓你覺得他已預知了自己生命的終點。你會責怪自己當時的刻意忽略，你會接受良心的譴責好一段時間。

少校的顧慮讓我想起依薩亞。兩天前，我坐在戰情室的窗邊抽菸，看見依薩亞快速經過。他的鼻子紅通通的，是個大鼻子，很典型猶太樣、很紅。突然間，那紅紅的大鼻子讓我覺得有些奇怪。

這個依薩亞，這個讓我直盯著他鼻子瞧的傢伙，很討我喜歡。他是我們空軍中隊中最有膽量的飛行員之一，他不但最有膽量，也是最謙虛的。他聽過太多人談論猶太人的精明狡猾，可能讓他誤把自己的膽量也混為一談。要贏得勝利，必得放膽而為。

我坐著看那紅鼻子從我的視線內一閃而過，那步伐快到讓依薩亞和他的紅鼻子在一瞬間就消失了。沒有要開玩笑的意思，我轉身問嘉瓦：

「你覺得他的鼻子為什麼會那樣？」

嘉瓦回答：「他媽媽把他生成那樣，」緊接著他補充，「是低空偵察任務，不能怪那傢伙。」

那天晚上，當我們放棄等依薩亞回來時，我又想起了他的鼻子，存在於面無表情的臉上，以一種絕妙而自成一格的方式，透露出縈繞於這男人心裡的沉重憂思。如果是我下令讓依薩亞執行那次偵察任務，那紅鼻子的印象絕對會如責難般地糾纏著我。

面對被指派的任務，依薩亞除了「遵命，長官」、「好的，長官」之外必定不會有其他回答。依薩亞在接到任務時，臉部的肌肉表情也必定一動也不動。然而，他的鼻子卻悄悄地、隱約地、不受控制地，開始發紅了。依薩亞能控制自己臉部的肌肉，卻無法控制鼻子的顏色。在他安靜接受命令時，他的鼻子背叛了他。依薩亞並不知道，他的鼻子向少校表達了對偵察任務的強烈反對。

就是這類的事情，讓阿里亞斯猶豫著是否該交付任務給他認為有不祥預感的人。通常預感是錯的機率比較高，但是一旦當你有了預感，軍令聽來便像法院判決。而阿里亞斯畢竟不是法官，他只是一介中隊指揮官。

前幾天有另一個例子發生在一位射擊士身上——就叫他「T」吧。依薩亞是勇往直前的人，而T則是畏首畏尾的那種，他是我認識的人裡頭唯一一個總是惶恐不安的。當作戰時，你一對T下達命令，他便立即感到一陣陣暈眩，一種簡單、無情、漸漸增強的暈眩感。從腳底至頭頂，他全身慢慢地變得僵硬，他的臉部表情漸漸變得一片茫然，而他的眼睛則開始發亮。

依薩亞，這位鼻子會因惱怒而發紅的人，讓我萬分抗拒他可能會死的念頭出現在腦海中。T則不一樣，他的心智魯鈍，不懂變通，遇事不做反應，而是會直接蛻變成另一個人。當你對T下達命令之後，你會發現自己點燃了他體內的痛苦之火。這苦痛均勻地燃遍他全身之後，他便對這世界感到麻木，再無感覺。你察覺這人與宇宙萬物之間越來越疏離而淡漠。對我而言，這種著魔的狀態，在這世上前所未見。

「我不該讓他飛的。」阿里亞斯後來對我說。因為那天，當少校對T下達任務指令後，T不只臉色發白，而且還開始微笑，很單純的微笑。或許就像是受刑人面對欺人太甚的執法官時，所露出的笑容。

「T，你今天狀況不好，我找別的射擊士好了。」

「長官，請別這樣，今天該輪到我上場了。」T回答，他恭敬地立正站好，眼睛直視前方，一動也不動。

「可是，如果你覺得沒有把握……」

「該我出任務了，長官。」

「拜託，T，聽著——」

「長官！」T打斷了少校，他全身看起來如巨石般僵硬。

「所以，」阿里亞斯下了結論，「我就聽他的了。」

實際發生的狀況，我們無從知曉。身為空勤組的射擊士，T坐在機艙後方，看著一架德國戰鬥機節節進逼。後來因為槍匣卡彈，德軍只好夾著尾巴逃跑、消失。T在返回基地附近時，一路上用對講機和飛行員通話，而飛行員也不覺得與T的對話有任何奇怪的地方。但是在落地前五分鐘，T停止說話，而飛行員再也無法將他喚醒。

當天傍晚，T的遺體被送了回來，他的頭顱被自己飛機的尾翼劈開了。在已完全脫離險境的家鄉領地上空，他還試著逃出機艙，當時飛機正以高速飛行，而他卻跳傘失敗了。那逼近的德軍戰機就像是抓交替的女鬼在呼喚，令他難以抗拒。

「現在該去著裝準備了。」少校說，「我要你們在五點三十分起飛升空。」「傍晚見，長官。」我們說道，而少校把手隨意一揮當作回答。這是迷信嗎？我轉身離開時，發現香菸熄了，正當我翻遍全身上下所有口袋時，聽見少校暴躁地吼：「你為什麼老是不帶火柴？」這倒是真的。我把少校的吼叫當作是「祝好運！」的意思，一邊大力關上門，一邊問自己：「我怎麼老是不帶火柴呢？」杜特接著說，「這偵察任務把少校搞得很煩啊。」

他才不在乎呢，我想。但我沒說出來。因為我並非想著阿里亞斯，而是想著普羅大眾。我想起了一個顯而易見、但一般人卻視而不見的事實，倒抽了一口氣。這事實就是——所謂真實的、精神上的人生並不持久，唯有心智上的生命才能延續不變。這個突然自行冒出的想法又繞回了阿里亞斯身上。

透過精神上的理性分析，人才能看出自己與物質形體的關係。也就是說，人在精神上所關心的，是有形的物質彼此連結後所產生的意義。從單一的角度是看不出精神與物體之間的關聯的。唯有用心觀察，才能夠感受到物質之間的連結性與完整性。於此同時，精神總在透徹的洞察力與完全的盲目中輪流擺盪著。舉例來說，有個人，他雖愛他的農場，但有時他在農場中看見的，盡是一些互不相干的事物；有個人，他雖愛他的妻子，但有時他覺得愛裡頭存在的，不過就是沉重的負擔、障礙，以及束縛；有個人，他雖喜愛音樂，但有時音樂並無法感動他。我們稱之為國家的東西，絕不是地區、風俗、城市、田地，以及任何人類智慧隨時能想到的名詞的總和。它是一種存在。但有時我發現自己對這存在也視而不見——即使這樣的存在叫做法國。

少校阿里亞斯昨天一整晚都在參謀總部，用純粹的邏輯推演實際戰況，這簡直讓他精神耗弱。那之後他開車回來，在返回營區的路上碰上了嚴重的塞車，把他給累壞了。當他總算到達營區宿舍時，又發現還有一大堆瑣事等著他處理，而每件瑣事的細節都能讓他煩惱到抓狂的邊緣。今早他又下令讓我們出發執行這個完全不可能成功的偵察任務。對他而言，我們是什麼？是渾沌宇宙間的一個小分子。對他而言，我們不是聖修伯里和杜特，兩個分別有一套看事情的角度、行走、思考、微笑及飲食方式的人，我們只是廣大格局中的微小細節。這大格局需要用更多時間、更加安靜、更有遠見的方式來檢視，才能全盤掌握，而這遠遠超出他的能力所及。如果我的臉因痛苦而抽搐，那他可能只會看見抽搐的動作本身，那抽搐將成為他派我們前往阿拉斯的回憶。在一團混亂吵雜、全面潰敗的狀況中，我們自己，我們每一個人，只能看見小分子——那聲音、那鼻子、那抽搐——而小分子並不是任何人情緒上的實體。

因此，我所思所想並非針對阿里亞斯，而是普羅大眾。當你摯愛的朋友死亡，而你是那個必須看著他下葬的人，在那個當下，你與他已再無聯繫，你怎麼能與他有所聯繫？死亡如此偉大而不可撼動，一瞬間，死亡架起了一張全新的關係網路，切斷了你與死者的想法、慾望、習慣。死亡是重新調整世界的秩序。肉眼可見的事物看來一切如常，但實際上所有的事情都改變了。書本的頁數相同，但書的意義不同了。然而忙著張羅喪禮的你，怎麼能明白這些呢？你希望一直懷念著死去的朋友嗎？你一定能想像自己需要他的時候，這時你會想念他，想像他也需要你。啊，但是他已不再需要你！想想你們總是共進午餐的每個星期三，而現在星期三已變得空洞。我們知道，人生必須擘劃遠景，但在下葬那天，遠景消失了，因為遠景所需存在的空間已然幻滅。你為他送葬的那天，充斥著乏味的瑣事與擁擠的人群、急切的關懷和哀悼，以及許多該握的或不該握的手，你死去的朋友仍破碎地存在著。要到葬禮隔日，當寂靜包圍你時，你的朋友才算真正逝去。到時他會將自己完全地顯露，並且如過去的他一般，藉由你的實像，依依不捨地與你分別。直到那時你才能放聲哭泣，為了他的離去，也為了你的無法挽留。

當我說我不喜歡描繪戰爭的埃及納畫片*時，是言之有理的。粗暴的戰士強忍眼淚，將自我真實的情感隱藏在慓悍外表之下，真是胡說八道！那粗暴的戰士並沒有隱藏什麼，如果他飆髒話，那是因為他自然而然就想到髒話。

探討一個人是高尚或是野蠻，並非我的本意。阿里亞斯少校是個感性的人。如果我與杜特任務失敗，無法返航，那他受到的影響將會比中隊內任何一個人還大，只要他想到的是聖修伯里和杜特，而非一群不相干的分子的總和。只要他被允許以沉默代替指派新的任務，讓我們已然處於毀滅邊緣的肉體重新完整。只要今晚營區的指揮官再一次要求中隊移防，再來一部破舊的軍車將我們載走，我們的死亡就足以延後，阿里亞斯的心情也不會因我們的死而大受影響了。

我說過，精神上的人生並不持久，而我跟阿里亞斯在精神上也並無不同。我出發去執行這棘手的偵察任務，心心念念的，是納粹與西方世界的理念之戰嗎？並不是的。我一幕幕地想著執行任務時接連發生的細節，我想到可能受的傷，想到以兩千英尺高度飛越德軍領地阿拉斯的荒謬性，想到我們被要求帶回情報的徒勞無功，以及那冗長的行前整裝程序，讓我聯想到自己如同做好行刑前準備的受刑人。我也想起我的手套。我的手套死到哪裡去了？我把手套搞丟了。

我再也無法見到家鄉的大教堂。我正為了死神穿衣整裝。

* 埃皮納（Épinal）是法國東北部的一座城市，以精緻的版畫著稱。十九世紀中期開始印製木刻版畫圖畫書，稱為「埃皮納畫片」（Images d'Épinal）。

III

「該出發了！我的手套呢？不，不是那個。找一下我的包包。」
「抱歉，長官，我找不到。」
「天啊，你這蠢蛋！」
人人都是蠢蛋。這位不知道我的手套在哪裡的勤務兵，引爆這場瘋狂戰役的希特勒，還有參謀總部裡那些滿腦子低空偵察任務的傢伙，都是。
「我叫你幫我找一支鉛筆來，我已經問你問了十分鐘了，你到底是找到筆了沒？」
「筆在這裡，長官。」
噢，終於有個人不是蠢蛋。
「這邊把它用一條槍繩繞住，現在把這條槍繩穿過槍扣……我說你這射擊士啊，你做事好像很隨便啊。」
「我已經準備好了，長官。」
「噢！」
還有我的觀測員。我晃悠到他身邊：

「一切都準備好了嗎，杜特？沒漏了什麼吧？該做的都做了吧？」

他已完成了準備工作。這真是個「棘手的」偵察任務！我問你，為了蒐集一些顯然無用、甚至根本無法送到參謀總部的情報，派出機組員去執行必死無疑的偵察任務，這有什麼道理？就算我們之中有人能活著回來提供情報，又有何用？

「通靈師，」我大聲說，「參謀總部裡肯定有一批通靈師。」

「什麼意思，上尉？」

「你以為我們要怎麼向他們報告？他們要怎麼和我們取得聯繫？用筆仙嗎？請鬼在桌上寫字？」

這不好笑。但我還是繼續抱怨：

「參謀總部！讓他們自己去飛這該死的偵察任務吧！」

為了生還希望渺茫的偵察任務著裝準備，十分費事。花了許久的時間將自己披掛上陣，就為了被炸得粉粹。著裝時，需穿上三層衣服，一件疊著一件，像流動攤販似的，身上掛著一堆亂七八糟的配件！那些纏繞著的氧氣管、暖氣設備，還有被我們這些機組員拿來當作「對講機」的通話管線，以及我用來呼吸的氧氣罩。我被一條橡膠管綁在飛機上，就像是維持生命不可或缺的臍帶，將我與飛機連結起來。飛機的零組件像是我身體新長出的器官，卡在我與我的心臟之間，堵塞了我全身的血液循環。我的身體每分鐘都變得越來越笨重、臃腫、難以控制。我變成一顆充氣的圓球，當我彎身繫緊安全帶或扣上扣環時，我全身的關節喀喀作響，我的舊傷也再度開始發疼。

「給我另一頂安全帽。我跟你說了二十次了，我的安全帽不能用，它太緊了。」

天曉得為什麼，人的頭顱在高空中會開始腫脹。在地面上，一頂合尺寸的安全帽，到了上千英尺的高度時便會像鉗子一樣緊緊箍住頭部。

「但這已經是另外一頂了，長官，你的舊安全帽我已退掉了。」

「啊！」

我無法停止抱怨，而且我也不後悔抱怨。抱怨不重要的小事是有很多

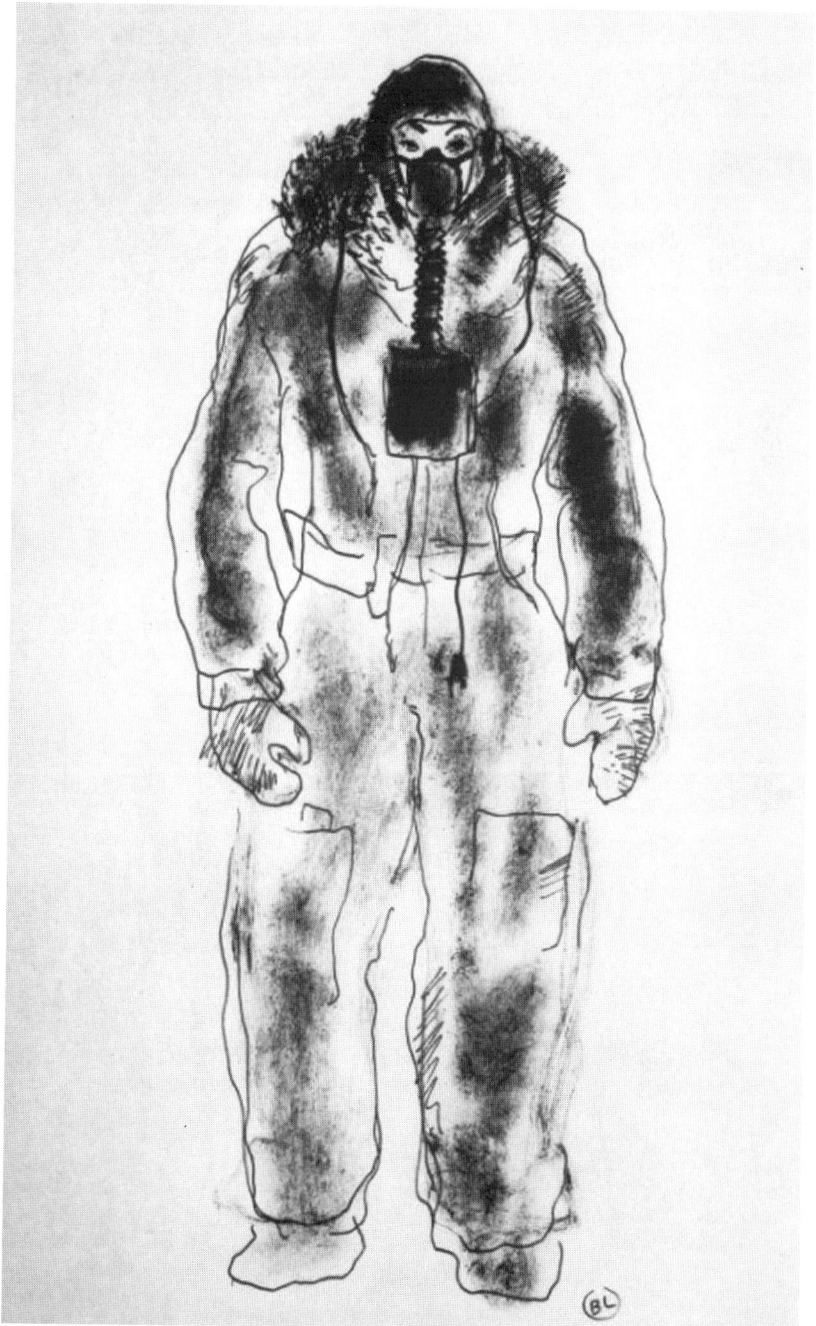

好處的！抱怨讓時間停止，讓人超越內心如荒漠般的痛苦。抱怨讓現下沒有上帝、沒有可以愛的人、沒有法國、沒有歐洲、沒有文明，只有分子、碎屑，別無其他。這時我不知羞恥地祈求奇蹟出現，讓我們下午的任務有轉圜的餘地。例如通話管線故障之類的奇蹟。通話管線常常故障。垃圾東西！一條壞掉的通話管線就可以讓我們倖免於屠殺。

維辛上尉神色陰鬱地走了進來。每位飛行員出任務前都逃不過他愁容滿面的這一關，他的工作是報告德國空軍前哨的所在位置，告訴我們敵軍在哪裡。維辛是我非常喜歡的朋友，但他有張烏鴉嘴，我準備起飛前情願不要見到他。

「看來不妙啊，老小子，」維辛說道，「真的非常非常糟啊。」

他只差沒有從口袋裡掏出資料來吸引我的注意了！接著，他用疑惑的眼神看著我說：

「你要怎麼出發？」

「從亞伯特城。」

「我想也是，我就知道。糟糕的差事。」

「別再說這些蠢話了！到底怎麼了？」

「你們不可能搞定的，你最好別出這趟任務。」

放棄出任務！他還真是好心哪，不如去跟天上的父說，或許還能讓天父在我們的通話管線上下個咒。

「告訴你，你們不可能挺得住的。」

「憑什麼說我們挺不住？」

「因為共有三組德國戰鬥機在亞伯特上空全天候盤旋。一組在三萬三千英尺的高度，一組在兩萬五千英尺，另一組在一萬八千英尺。他們輪班鎮守，一班接著一班在空中盤旋直到換班，我稱之為『絕地封鎖』。你們是直接飛入德軍編織的天羅地網裡，看這裡……」他將一張紙推向我，紙上潦草地畫著讓人看不懂的推演，來證明他的論點。

維辛可真是多管閒事，他那誇張的「絕地封鎖」一詞實在令人難忘。去他的！我立刻想到紅燈及交通罰單。只是這邊的罰單，代價是死亡。他所說的「絕地」好像是衝著我而來，這尤其讓我感到惱火。

我費盡力氣以保持思路暢通。「敵軍，」我對自己說，「總是會以絕地封鎖的方式捍衛他的領空。『絕地封鎖』這詞就是虛張聲勢，該死的沒道理！更何況，我為何要去擔心德國戰鬥機？在三萬英尺的高度，他們早在我能發現他們之前就可將我擊落；而在兩千英尺時，用不著出動戰鬥機，防空高射機槍就能把我打下來，他們不可能讓我逃掉的。」

我瞬間抓狂，變得咄咄逼人：「總而言之，你是要跟我說德軍的火力強大，所以不建議我進行偵察任務，那你快去跟參謀總部講啊！」

說些樂觀的話讓我寬心並不會讓維辛少塊肉，但他偏要惹毛我。他為什麼就不能輕描淡寫一點地說：「噢，對了，德軍派了一些戰鬥機在亞伯特的高空中盤旋喔。」

我們爬進機艙。我還需要測試一下對講機。

「聽得見我說話嗎，杜特？」

「聽見了，上尉。」

「射擊士！有聽見嗎？」

「我……是，上尉，很清楚。」

「杜特！你有聽見射擊士的聲音嗎？」

「很清楚，上尉。」

「射擊士！聽見杜特中尉嗎？」

「我……呃……是的，上尉，很清楚！」

「你為什麼結結巴巴的？在猶豫什麼？」

「對不起，上尉，我在找我的鉛筆。」

通話系統並沒有故障。

「射擊士，確認你的氧氣瓶，氣壓都正常嗎？」

「我……是，上尉，正常。」

「三個氧氣瓶都在嗎？」

「三個都在，上尉。」

「一切就緒了嗎？杜特？」

「一切就緒，上尉。」

「一切就緒了？射擊士？」

「一切就緒。」

於是，我們起飛。

IV

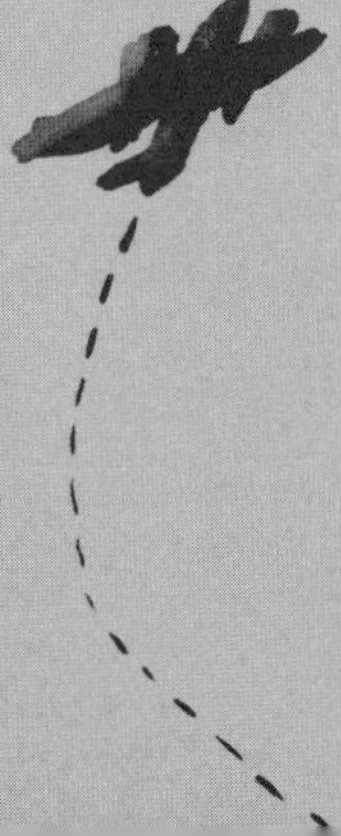

人的痛苦來自於真實身分的迷失。當我坐等一通宣判自己是死還是活的電報，我感到時間白白流逝。我的一顆心懸著，遲遲無法放下。時間已不再像是條溪流，餵養我、滋潤我，讓我成長如大樹。當我接到電報時，各種可能的情緒與反應在我身上輪番遊走，如鬼魂般想附身，與我融為一體。我的內心煎熬痛苦，想知道自己究竟是誰。當壞消息到來，終止了這一切等待。等待過程中的痛苦和得知結果的折磨是兩回事。

當時的T並不會知道，過幾小時後他將是死還是活。他只知道——時間如穿過他指縫的細砂，在等待中流逝，直到關鍵的時刻到來，它的力量將強大到讓他無力反擊。

相反的，當我駕駛著飛機時，時間便不會在我指縫間白白流逝。現在的我總算進入狀況，時間也不再與我無關。我不再讓自己想像未來可能發生的壞事，也不再讓自己有機會從熊熊燃燒的火焰漩渦中跳機逃生。未來不再是糾纏不散的陰魂，因為從此刻起，我要成功地用行動創造自己的未來，我就是自己的主人。我是那個檢查航線、把羅盤鎖定在三百一十三度、操控螺旋槳運轉以及油料溫度的人，這些都是健康且須及時處理的事，是操持家務般的常規，是讓人忘卻自己慢慢變老、日常的小小責任。是讓房子保持明亮整潔、地板光潔平滑、空氣規律流動的日常……，想到這裡，我檢查了一下氧氣。我們正快速攀升，現在的高度已到達二萬二千英尺。

「供氧正常嗎，杜特？感覺怎麼樣？」

「一級棒，上尉。」

「你，射擊士！你的氧氣狀況？」

「我……呃……很好，長官。」

「你還沒找到鉛筆啊？」

我也是那個檢查了射擊士的機關槍、試著按過槍上的S和A按鈕的人……這提醒了我一件事。

「射擊士！在你火力範圍內，有沒有大型城鎮聚落？」

「呃……報告長官，四周淨空。」

「檢查你的槍，射擊看看。」

我聽見一陣槍響。

「都正常嗎？」

「報告長官，都正常。」

「全部都沒問題？」

「呃……是的，長官，都沒問題。」

我測試了我的槍並且思忖，如果我們不顧一切地將所有的子彈廣泛發射在我國領空，會有什麼後果？我揣摩著。大地太遼闊，這些子彈傷不了人。

時間一分一秒過去，滋養著我。我如此渺小，像是痛苦的獵物，也像是隨時可能被採摘的成熟果實。當然，此次飛行的狀況可能隨時改變。各種狀況、各種可能遇見的問題都是，但現今我已能安然面對。時間會慢慢將我形塑成該有的樣子。孩子並不會害怕自己慢慢變成老人，孩子就是孩子，用孩子的方式玩耍。我也在玩自己的遊戲。我計算著機上這個我的王國裡的儀表板、駕駛桿、控制按鈕，算出總共有一百零三種零件要我去檢查、去拉、去轉或按下（或許我把機關槍控制閥算成兩個，一個是開火扳機，另一個是保險栓）。

今晚當我回到軍隊駐紮的校舍時，我可以唬唬那裡的農夫。我會問他：

「你知道一個飛行員要控制多少儀器嗎？」

「我怎麼可能知道？」

「不重要，猜嘛，隨便說個數字。」

「什麼數字？」

那農夫不想猜。

「隨便一個數字都好，猜一個。」

「七。」

「是一百零三個！」

然後我會滿足地笑出來。

讓我感到心情平靜的還有一件事：所有原本被我視為累贅的裝備現在都已經整理到位，所有纏繞著的管線已成為井然有序的循環系統。我整個人則與飛機融為一體，成為機上的一部分器官。我轉開一個開關，讓氧氣和暖氣慢慢溫暖我的全身。氧氣有時太暖，讓我的鼻子乾燥發熱。飛機有一套複雜的供氧機制，依照我飛的高度調整氧氣流量，而我現在飛得很高，飛機就是照顧著我的乳母。在我們起飛前，我覺得這想法好像很沒人性，但現在我被飛機哺育著，讓我對它有了為人子女般的情感，一種被呵護的感情。

同時間，座艙完整又舒適地支撐著我全身重量，我就像身體失去知覺的虛弱病患，躺在病榻上療養，不敢去想要花多久時間才能恢復。在駕駛座上，我感覺不到自己那三層厚重衣裝的重量，我的降落傘斜掛在我的椅背後；我的巨大軍靴踩在操縱方向舵的橫桿上；我那在一開始穿上厚重手套時笨拙的雙手，現在輕鬆地操縱方向盤。

操縱方向盤，操縱方向盤……

「杜特！」

「……滋？」

「對講機出了點問題，我聽不見你，檢查一下你的接頭。」

「我可以……你……滋滋滋……」

「搖一下對講機！你還聽得見我嗎？」

杜特的聲音清楚地傳來。

「聽得很清楚，上尉。」

「很好！杜特。這討人厭的控制系統又結冰了，方向盤卡住，方向舵完全不動。」

「這下可好！現在高度多少？」

「三萬二千英尺。」

「溫度呢？」

「零下五十五度，你的供氧還正常嗎？」

「供氧正常。」

「射擊士！你的供氧狀況怎麼樣？」

沒有回答。

「嘿！射擊士！」

沒有回答。

「你有聽見射擊士嗎，杜特？」

「沒有。」

「呼叫他。」

「射擊士！射擊士！」

沒有回答。

「他一定是昏過去了，上尉，我們可能需要急速下降。」

除非萬不得已，否則我不想急速下降。射擊士可能是睡著了，我使盡全力猛烈晃動機身。

「上尉，長官，是你嗎？」

「是你嗎，射擊士？」

「我……呃……是的，長官。」

「你連自己都不確定？」

「確定，長官。」

「你在搞什麼鬼，剛才為什麼不回答？」

「我把接頭拔掉了，我在測試無線電。」

「你這超級大笨蛋！你以為飛機上只有你一個人嗎？我以為你昏過去，差點就要準備急速下降了！」

「呃……沒有，長官。」

「這次我就相信你的話，不過別再跟我玩任何小把戲了。該死的！切斷通話前跟我說一聲。」

「對不起，長官，我會的，我會讓你知道，長官。」

如果他的供氧系統停止運作，他可能察覺不到。人體是不會接收到任何警訊的，只會有一陣昏沉的睡意席捲全身，然後在幾秒之內昏迷，再過幾分鐘就會死亡。氧氣的供應狀況需要時時測試，這尤其需要由飛行員來做。我輕輕按壓了我的氧氣管幾下，感受到溫暖的維生氣體噴入我的鼻腔。

事到如今，我按部就班地盡著自己的本分。喜悅充滿了我，所有的動作都是如此流暢自然又有其意義。我既不覺得自己面對極大的危險（在著裝時我可不這麼想），也不覺得自己正在執行什麼偉大的任務。就在此時此刻，納粹與歐洲之間的戰役縮小在我的股掌之間，簡化成我對機上那些開關、駕駛桿、按鈕的每一步操作。事情本應如此，有如教堂執事點起蠟燭來表達對神的敬愛。教堂執事從容地邁出步伐，遊走在他再熟悉不過的教堂中，開心地看著蠟燭一支接著一支地在他的服事中綻放光芒。點燃了所有蠟燭後，他搓搓手，為自己感到驕傲。

而我呢，我正控制著螺旋槳的旋轉方式，好讓羅盤上的指針穩穩地指向同一個方向。這工作我可是做得極好，如果杜特正好看了一眼羅盤，必定會對我崇拜不已。

「我說啊，杜特！照羅盤上指的航線飛，看來如何？」

「沒辦法，上尉，氣流太多，要稍微往右舷轉。」

「好啊，好。」

「我們已飛過我國領空了，上尉，我已經打開相機了。現在高度多少？」

「三萬三千英尺。」

V

「注意航線，上尉！」

杜特說對了，我正被氣流帶離航線，而這其實在意料之中，也可說是亞伯特城將我推離的。我原本能在此之前就把飛機拉回來，但「絕地封鎖」這詞語發揮了極大的力量，衝擊著我。深藏於人體的記憶總以不尋常的方式顯現出來：我的身體記得過去每一次的墜機、每一片碎裂的頭骨、每個在醫院中的夜晚，看著同袍深陷昏迷泥淖。我的身體懼怕這些回憶，因而下意識地掙扎著，想遠離亞伯特城。我一讓身體跟著直覺走，我們就偏離航線了。像一匹老馬，一朝被蛇咬，十年怕草繩。做出了這般反應的，真的是我的身體，不是我的心智。當我的心神徬徨時，我的身體偷偷占了上風，讓我開著飛機溜出亞伯特城。

不是我，我完全不覺得焦慮害怕，我早已不盼望能從這次偵察任務脫身，雖然在地面時我的確曾如此期待。我暗中希望對講機故障，我感到異常疲倦，想要好好睡一覺，能讓人發懶的舒服床鋪對我而言充滿了魔力。但我內心深處卻非常明白，如果我不參加這次的偵察任務，我一定會全身不舒服，好像一隻準備好蛻變的毛毛蟲，最後卻無法羽化成功。我又再一次想起了學校生活，想起自己還很年幼的時候。有多久了？我……

「上尉！」

「什麼事？」

「呃……沒事，我以為看到了什麼……」

我不喜歡杜特看見任何東西……。

對了，說到學校，當你還是住在寄宿學校的小男孩時，校方每天都在一大早就將你叫醒。他們要你六點起床，天氣很冷，你揉揉眼睛，離上課鐘響還很久，但你已經非常不想上課了。你想，如果你現在生病了，在保健室醒來，護士長已經為你準備好加滿了糖的熱甘菊茶，那該多美妙啊！在你心中，保健室就像是天堂一樣。

我就是這樣。在第一次感冒時，我故意大聲咳嗽，搞得自己看起來比實際嚴重許多，然後在別人上課鈴響的時候，我就躺在保健室了。但那鈴聲也懲罰了我的不老實，讓我的靈魂變得孤單。鈴聲召喚了日常生活的時刻：上課時的嚴肅規範、下課時的喧嘩吵鬧、食堂裡的溫暖招呼。對於那些活蹦亂跳、不像我一樣躺在保健室的人而言，鈴聲代表他們紮實地存在於一個充滿著歡鬧、失望、嚴肅與勝利的現實裡。而我失去所有、被遺忘地躺著，受夠了平淡無味的甘菊茶、汗濕的床鋪，以及空洞的時光。

如果你避開偵察任務，便什麼也得不到。

當然，偵察任務也有無法令人滿意的時候。我們玩的遊戲叫做戰爭，這是再明顯不過，但我們的行動反而更像在玩警察捉小偷。我們只懂得一板一眼地遵守歷史課本裡的行動準則，以及作戰手冊中指示的戰術規定。舉例來說，昨晚我開了一輛車到機場，哨兵看見我，按照規定亮出了他的刺刀。但我的車可能是輛德國坦克啊！試想我們如果對著德國坦克玩起亮出刺刀這招，德軍大可不理我們，繼續用他們的方式回擊。

我們被要求扮演臨時演員的角色，演到陣亡為止。面對這麼嚴峻的戲碼，誰興奮得起來？死亡的結局對這齣戲來說，是過於嚴重了。誰能興高采烈地演出這橋段？肯定沒人……，就算是我的同袍赫斯德，這個達到人類至善之境、聖寵充滿之人，都藏身於緘默當中。我們所有人都安安靜靜地整裝，表現得有些急躁——這並非為了想慷慨赴義，也並非為了顯示自己的內在有多崇高。這急躁感是種自我表述，而我很清楚想述說的是什麼。這是員工埋怨不在工作現場的老闆下了含糊的指示，讓他無法理解卻還是得照辦。同理，雖然我們所有人都想要有個安靜空間，卻沒有人會選擇上床睡覺。

對任務是否抱持熱情，其實並不重要。打敗仗時，是不可能興致高昂的。重要的是整裝出發，爬進機艙，然後起飛。我們自己對這些程序的想法也不重要。對我來說，學校裡熱愛文法課的小男生就是個完全不可信的臭屁小子。目標就算遙不可及，也要去奮鬥，這才重要。這是精神上的目標，和心智無關。精神才知道如何去愛，但現在它正沉睡著。跟我談談誘惑吧！我與教堂神父同樣了解誘惑，當精神沉睡時，被誘惑就是被誘惑了，掌管理性的心智就此讓步。

我冒著生命危險投入如山區大雪崩的戰役中，又得到了什麼？我毫無概念。軍中總有人一再對我說：「我可以將你安排到這或到那，到一個適合你的地方。比起在這中隊，你到那邊更可以發揮所長。飛行員！我們可以訓練幾千位飛行員，至於你──」無庸置疑，他們是對的，我的理性同意他們，但我的直覺總是戰勝理性。

為什麼他們的說法始終無法說服我呢？就算我無法反駁他們的論點？我會告訴自己：「知識分子被政治宣傳部藏起來，像一瓶瓶果醬被收在櫃子裡一樣，等到戰爭結束後才能打開吃掉。」真是個好論點，我同意！

而現在，和其他中隊中的士兵一樣，面對每一種充分的理由、每一個明確的論點和所有機智的反應，我再一次起飛。我會知道什麼時候該對抗理智。我已經答應自己，如果能活著回去，我要走上那條穿越故鄉村莊的道路，到那時我就能盡情沉浸在自己的世界裡了……到時再說吧。

到那時，我可能也無法述說自己所見之事。當我覺得一個女人漂亮時，我就無法用言語來形容她，我看著她笑，對我而言這就是全部了。知識分子會把她臉部的細節拆解開來，一項一項解釋其美麗之處，卻看不見她美麗的微笑。

理解事情並不是去證明，也不是去解釋，而是去追隨正確的眼光。想要擁有眼光，我們必須學著成為觀察者。這學習的歷程是艱難的。

一整天下來，我都沒注意到故鄉的村莊。在執行偵察任務之前，我在村莊中只看見泥巴糊的牆和髒兮兮的農民，現在它則是我腳下三萬三千英尺處的一把砂石。這就是我的村莊。而今晚，可能會有一隻看門狗醒來吠叫。平靜的夜裡，在夢境中沉睡的村莊傳來一、兩聲狗的吠叫，似有一股魔力讓我著迷。而現在我想請求再度看見我的村莊被睡眠的浪潮包圍，家家戶戶的門密實地掩著，保護著他們的穀倉、牲畜和習俗。看見村裡的農人從田裡回到家，吃了晚餐、清理了餐桌、哄孩子入睡、把燈吹熄，將自己融入寂靜的夜。還有嗎？或許還有——在鄉村裡隨處可見的漿白床單下，他們呼吸時那緩慢而規律的起伏，像風暴後海上逐漸平緩的波浪。

為了維持夜幕之下萬物的平衡，上帝停止了地面的一切事物和言語活動，無法抗拒的睡意使人全身放鬆，直到天亮，人們才會大方地現身在我眼前。也許那時我能領會一些難以言喻的事物，而我將像個盲人般走過，伸出手掌摸索著，來到燃燒的爐火邊。盲人無法描述火焰的樣子，卻能找到火苗。或許，我也能看見在自己誓死捍衛的這黑暗村莊裡，藏著什麼樣的珍貴事物——肉眼看不見，卻像灰燼下殘餘的炭火般，持續跳動、閃著光芒。

如果避開偵察任務，便什麼也得不到。如果想了解這村莊這般簡單的事，首先你要——

「上尉！」

「什麼事？」

「左前方有六架德國戰鬥機。」

這話有如晴天霹靂般在我耳邊迴響。

首先你要……首先你要……啊！我真希望自己能馬上退伍，我還想擁有權利去愛，在我為國捐軀前，還想要我所保護的人們再看我一眼。

VI

「射擊士！」

「長官？」

「你聽見中尉說的嗎？六架德軍戰機，六架，在左前方。」

「我有聽見，長官。」

「杜特！他們有看見我們嗎？」

「有，長官，他們正前來攔截我們，在我們下方一千五百英尺處。」

「聽見嗎？射擊士！在我們下方一千五百英尺。杜特！雙方何時交鋒？」

「大概十秒。」

「聽到嗎，射擊士？幾秒後會進入我方航道。」

我看見了，他們在那裡，小小的幾個點，像一群有毒的黃蜂。

「射擊士！他們正從我們側面飛過來，你馬上會看到他們，在那裡！」

「長官，我還沒看到……看到了！」

現在換我看不見他們了。

「他們在我們後方嗎？」

「在我們後方，長官。」

「急速拉升中嗎？」

「很難說，長官，我不覺得……沒有，長官。」

杜特開口了，「上尉，你怎麼看？」

「你覺得呢？」

沒有人開口說話，因為已無話可說，我們的命運掌握在上帝手中。如果我是逆風飛行，就會縮短彼此的距離。很幸運地，我們是向著太陽的方向飛去。在高空中如果要再往上飛一千五百英尺，跟獵物之間的距離就不得不再拉開個幾英里，因此很可能等他們達到我們的高度並恢復正常速度時，會因為面向太陽而看不到我們的蹤影了。

「還在我們後方嗎，射擊士？」

「還在，長官。」

「我們甩掉他們了嗎？」

「嗯，長官。不……好像沒有。」

我們的命運就交給上帝還有太陽決定了。預料即將到來的戰鬥——雖然講謀殺會更貼切——我使盡吃奶的力氣，雙腳猛踩油門，盡力讓結凍的方向舵恢復作用。一陣奇怪的氣流向我席捲而來，但我的眼睛仍死盯著德軍，把全身的力氣壓在那僵硬不動的操縱桿上。

我再度發現，現在的自己對這次行動的感覺，已不像著裝時那樣怨懟了——如果「行動」一詞能代替徒勞無功的期待的話。我現在的感覺是憤怒，一種有用處的憤怒。天曉得這並非準備犧牲前的狂喜，而是一種想狠狠咬住某些東西的衝動。

「射擊士！我們甩掉他們了嗎？」

「快甩掉了，長官。」

幹得好！

「杜特！杜特！」

「上尉？」

「我……沒事。」

「發生什麼事了嗎？」

「沒事……我是想說……沒事。」

我決定對此事隻字不提，沒必要讓他們擔心。如果我真的失速了，他們很快就會發現。他們會知道的。

我在攝氏零下五十度的氣溫下不斷流汗，這很不對勁，太不對勁了。我很清楚自己怎麼了，漸漸地、非常緩慢地、我正在失去意識。我本來還看得到儀表板的，現在不行了。我的手漸漸抓不住方向盤，我甚至沒力氣說話，我的意識漸漸模糊。輕飄飄的，越來越模糊……。

然後，我壓了壓氧氣管，一陣風吹入我的鼻腔，我整個人醒了過來。供氧系統沒有故障！那一定是……當然了，我怎麼那麼笨！是方向舵。我操控方向舵所用的蠻力，足以抬起一架大鋼琴。在三萬三千英尺的高空中，我像個職業摔角手般全力搏鬥，卻忘了氧氣是規律輸送的，我必須省著用。我為了自己的放肆而付出代價。

像是昏倒前的預告，我的呼吸開始變得又快、又急、又喘，我的心跳越來越快。把我的狀況說出來有什麼好處？如果我快速下降，他們立刻就會知道是怎麼回事了。現在我能看得見儀表板……不對，這不是真的，我看不見。我滿身大汗地坐著，覺得好悲傷。

漸漸地我又活了過來，整個過程猶如差點失去意識前的緩慢。

「杜特！」

「上尉？」

我剛才一定是有股衝動，想告訴他發生了什麼事。

「我……我想……沒事。」

我放棄了。說話太消耗氧氣，我已經喘不過氣來，非常虛弱。我還在恢復中。

「你想說什麼嗎，上尉？我搞不懂你說的。」

「沒有……沒事。」

我把他搞糊塗了，不過我活過來了。

「我們都活著。」

「是啊，沒錯，到目前為止。」

只是到目前為止。阿拉斯仍在前方。

有那麼一、兩分鐘的時間，我產生無法度過險境的感覺。不過我尚未察覺自己心裡有股苦痛和焦慮感，強烈到足以讓人一夕白頭。我想起薩貢，以及他兩個月前說的話。當時他在我們的領空被敵軍擊落，幾小時後我們前去探望，他提起了自己被德軍戰鬥機層層包圍鎖死時的心路歷程。

VII

薩貢躺在醫院病床上的樣子仍歷歷在目：他在跳傘逃生時，被飛機的尾翼勾住導致膝蓋骨折，但並未受到太大驚嚇；他的臉和手也被嚴重燒傷，不過整體而言薩貢的狀況還不算危急。他緩緩地述說自己的經歷，用一種純粹描述事實的平淡語氣，像是在報告一件勞動服務的一小部分似的。

「當我看見我的飛機外布滿曳光彈時，就知道自己逃不掉了。我的儀表板被打成碎片，然後我看見一陣煙霧襲來……你知道，煙霧不大，我想那一定是……你知道的……那邊有一條連接管線，火勢並不是很大。」

他頓了頓，下唇往前抿住嘴，同時在心裡想著要怎麼說下去。能否清楚告訴我們當時的火勢大小，對他而言似乎相當重要。他猶豫著該怎麼說：「不過就算有火焰，對講機還是通的，我告訴組員，我們最好跳傘離開。」

在十秒鐘以內，飛機就會變成一團火球。

「然後我打開逃生艙門，我不該這麼做的，空氣跑了進來……火勢

就，你知道的……很抱歉我這麼做了。」

在兩萬英尺的高空上，一大團猛烈燃燒的火球迎面向你衝來，而你竟然還在為了自己所做的事說抱歉！我不該在背地裡形容薩貢英勇或謙遜，他不會同意別人如此形容自己，他依舊會堅持為自己所做的事道歉。我們圍繞在他的病床邊站著，顯然他正盡力集中精神，想把整件事描述得更完整一點。

人類的注意力有限，一次只能容納一個問題。在拳擊比賽中，只要將注意力放在比劃的策略上，你就不會感覺到對手的痛擊。有一次，我在水上飛機的失事現場，以為自己即將溺斃時，發現那冰凍的海水對我來說好像是暖和的，或者更精確地說，我的注意力並非集中在水的溫度上，而是被其他的事所占據了。水的溫度完全沒有留在我的記憶中。同樣的，薩貢下意識裡滿滿地都是該如何從機上逃生，他的小宇宙中只有組員的安危、逃生門的把手、降落傘的開傘拉索。

對講機似乎仍可運作。「你們在嗎？」他大喊。

沒有回答。

「有人在機上嗎？」他再問了一次。

沒有回答。

他們一定是跳機了，薩貢暗自下了決定。他一邊對自己引燃火焰一事感到難過（他的手和臉已經燒傷），一邊逃離駕駛座位，爬出機身外，沿著機翼往前爬。

「我往裡頭看，沒看見觀測員。」

觀測員已被德軍戰鬥機當場擊斃，屍體墜入九霄雲外。

「接著我退回去找射擊士，也沒看見他人。」

射擊士的下場跟觀測員一樣。

「我以為他們已經跳傘了。」

薩貢又一次地陷入了沉思，翻來覆去地想著整件事。

「如果我早點知道的話，我就會爬回駕駛座，那邊的火勢還不大。我趴在機翼上不知道有多久，我在爬出駕駛座時有先將飛行角度固定住，飛機行進順暢，風勢尚可抵擋，我覺得滿舒服的，我一定是在那機翼上趴了一段時間。我不知道該怎麼辦。」

重點不是薩貢面對的難題。薩貢要表達的，是他當下已生無可戀的心情。他想著自己一人孤身在飛機上，飛機仍在燃燒，後方仍有敵機追趕並不斷對他開槍掃射，他感到一片茫然。他有大把時間，輕飄飄地悠遊著，無限逍遙自在。我逐漸明瞭，當死亡迫在眉睫，一股異常的感覺時常伴隨而來：那是種無法想像的安然自在，和那種急得喘不過氣來的真實意象完全不同。薩貢趴在他的機翼上，被拋出了時間的維度之外。

「接著，」他說，「我跳傘了，我跳得很差。我能感覺到自己在空中旋轉，擔心太早開傘會被傘繩纏住，因此遲疑著沒去拉開傘索。我等到整個人穩定伸直了才拉開了傘，等了好久。」

從頭到尾，薩貢對整起劫難中真正有印象的部分，都是等待。等待火勢再升得更高些，接著完全不知所以然的趴在機翼上等待，到最後，當他自由地從空中掉落時，還是在等待。

是薩貢自己做出了這些事——事實上，是一個要比我認識的薩貢更生嫩、更平凡的薩貢，做了這些；是一個發現自己掉入深淵時，有些困惑、厭世與有點躁進的薩貢。

VIII

我們在氣壓只有正常三分之二的環境中待兩個小時了。組員們的氣力漸漸放盡，彼此間幾乎沒有交談。有一、兩次，我試著轉動方向舵，小心翼翼地，但並沒有花太多力氣。每次轉動方向舵，都有那種異常的、微弱的疲憊感向我襲來。

杜特正拿著相機，做他空中攝影的工作。每當需要我側飛好讓他拍照時，他會細心地提早告訴我，讓我有充分的時間準備。我會在可控制的範圍內，盡全力操控方向盤，將飛機傾斜，機頭往上拉。在分別做了十幾、二十次動作之後，就能將飛機調整到杜特要的位置。

「高度呢？」

「三萬三千七百英尺。」

我仍想著薩貢。每個人都是獨一無二的，我的存在除了自己，也不會有其他人的影子。薩貢也就是薩貢。人一死，存在他身上的自我也死了。一個普通工兵的死亡，死的就是一個普通工兵。作家在描述瀕死經驗時所創作出的那種病態的失神樣貌，令人感動，但在現實中哪裡看得到？

我曾在西班牙見過一個人，被埋在炸毀的房屋地窖中，經過七天的挖掘才被救出來。他被救出時還無法適應白天的光線，不斷眨眼。他步履蹣跚，有人幫忙攙扶他起身。這個幾乎是死裡逃生的人，從地底返轉回來時，身上還沾滿了埋住他的瓦礫碎片，因為飢餓及缺氧而顯得遲鈍迷糊，看起來像一隻陰沉的怪物。我想，圍繞著他的人們可能突然覺得害怕，於是都沉默了。當總算有人鼓起勇氣問他問題，注意到他用蒼白的臉色回應時，群眾們的情緒開始由害怕轉為不安。

圍繞著他的群眾試著用各種拙劣的方式，想打開他的話匣子，但又有誰能問對問題呢？他們問這個人感覺如何、被活埋時在想什麼、做了什麼。他們的問法，就像想要探究一個又瞎、又聾、又啞的人內心深處的想法，用的方式卻是在深谷上隨便搭座橋，以為這樣就能幫助到他。

然而到最後，等他終於能回答時，他說的只是：

「對，我聽到一聲長長的撕裂聲。」

或者他說道：

「我怕得要命，我在下面的時間太長，我以為永遠出不去了。」

或者是：

「我的背好痛，真的好痛。」

像是體面之人所說的體面話，空泛而搔不到癢處。

「我擔心我的錶，」他說，「它是我的結婚禮物，我沒辦法把手伸進口袋找它，我想在坍塌時，會不會讓它……」

不言而喻地，人生已教會這個人痛苦、焦躁，也教會他對身旁事物之愛。他在自己的小宇宙裡曾好好扮演自己應有的角色，負起應該的責任，就算這小宇宙只是夜裡一處崩塌的地窖。沒有人想到要問最根本的問題——這問題才是主宰他們所有粗淺疑問的答案——「你是誰？你變成了什麼樣的人？」在他能回答這問題前，還需要花時間先一點一滴地建構屬於自己的傳奇故事。目前的他只能說出這樣的回覆：「什麼？我……我自己……」

沒有任何單一事件能把我們變成另一個人。生命是經由每日小小的重生而緩慢改變。如果我們能隨隨便便就借用成熟的靈魂，那事情未免也太簡單了。

的確有許多靈光乍現的瞬間，能照亮命運的去路，激勵人們往新的方向前進。然而，是被啟發的視野，在漫長而漸進的準備後，才能突然地照亮心靈。我一點一滴地學習文法、學習造句，喚醒了我內心深處的情感，進而能讓一首詩在瞬間打中我的心。

現在的我駕駛著飛機，感受不到愛。不過，如果今晚即將帶給我什麼啟發，那必定是因為我不斷搬動著內心的沉重思想，架構出精神上的隱形殿堂。我準備著慶祝自我的蛻變。既然一直以來我都在試圖喚醒內在的另一個我，這種轉瞬間的蛻變現象也就不值得一提了。在這場戰爭的險境中，除了度過這漫長的學徒時期，讓自我成長，我什麼也不期待。就像學習文法一樣，學習的辛苦到最後總會有回報的。

對飛機上的我們來說，生命已經失去鋒利的稜角，被我們自己慢慢磨圓了，我們正在老去。偵察任務也在老去。飛上高空的代價是什麼？三萬三千英尺高空上的一小時等於什麼？等於一週、三週，還是一個月的有機體生命和心臟、肺臟、動脈的跳動時間？總之，我不在乎。我在空中幾近昏厥，感覺就像經過了幾世紀那麼久：我飄浮在老去的寧靜感受中。

著裝準備時那激動的情緒現在離我有多遠了？它被遺忘在多遙遠的過去？而阿拉斯還在無限遙遠的未來。戰爭的冒險故事？戰爭中哪有什麼冒險故事？在這很可能讓我消失於人世上的一天，除了那幾點黃蜂般的敵軍戰鬥機出現了三秒鐘之外，我沒有什麼好報告的。只要再多個十分之一秒，真正的冒險故事可能就會發生，而我們之中經歷過的人都不會再回來，永遠不會回來說這個故事。

「上尉，讓飛機轉向右邊。」

杜特忘了我的方向舵是結凍的。我想起小時候相當著迷的一幅圖畫，畫裡有一大群壯麗的船隻櫛次鱗比地排列著，在北極光的襯托之下，於北極海上靜止不動。在閃著灰黑色微光的北極永夜中，這些船隻舉起冰凍結晶的船桿，在死亡的氣氛之下，它們仍張著船帆，承受著風吹過的印記，如同床鋪承受著身體壓過的痕跡。畫裡的船帆，僵硬且易碎。

我們這裡也是處處結冰。我的控制器結凍了，我的機關槍也是。當我向射擊士問起他的狀況時，他的回覆是：「沒一樣東西能用，長官。」

我吐出的氣體都變成細小如針的冰晶，結凍在氧氣罩的排氣管中。我必須時不時擠壓彈性橡皮管，捏碎裡頭的結晶以防自己因管線阻塞而窒息。擠壓管子時，我能感覺到那些碎冰摩擦的喀吱聲。

「射擊士！氧氣都正常嗎？」

「報告長官，正常。」

「氧氣瓶的壓力多少？」

「呃……七十，壓力下降中，長官。」

對我們來說，時間也凍結了。我們是三個白鬍子的老人，一切都靜止了，萬事萬物已不再急迫，不再殘酷。

說到戰爭中的冒險故事。阿里亞斯少校有天覺得他必須提醒我：「現在，放輕鬆點！」要怎麼放輕鬆，阿里亞斯少校？當戰鬥機如閃電般向你俯衝而來時。他們在離你一千五百英尺的上空時就看見你，倒是可以好整以暇地準備攻擊。他們彎曲繞行，做好判斷，修正方向，小心準確地瞄準你，而你卻渾然不知。如同在老鷹翱翔的影子下方休息的老鼠，以為自己還能好好活著，繼續在小麥田裡開心地蹦蹦跳跳，卻不知自己已是老鷹的囊中物。老鷹的視網膜緊緊盯住你，比任何強力膠都黏，牠絕不可能放過你。

於是，那個持續駕駛著飛機、做白日夢、巡視著大地的你，已成為了別人視網膜中的那一點獵物，從而被甩到了時間的象限之外。

那九架德軍戰鬥機會選擇適當的時機，如鉛錘般急速俯衝。他們不慌不忙，以每小時五百五十英里的速度開火，其火力之大，就像射程精準的巨型魚叉，不會讓任何獵物跑掉。執行轟炸任務的飛行中隊至少具備了足夠的火力能做好防禦，然而偵察機組員根本沒有抵抗的能力，他們孤單地在廣闊的空中飛行，當七十二架機關槍猛烈射出槍林彈雨時，他們才會突然察覺那九架戰鬥機的存在。在你發現敵人的那一刻，敵人的戰鬥機早已在你頭頂搖擺盤旋，像毒蛇般吐出毒液後便拍拍屁股飛得不見蹤影。這些戰鬥機可說是眼鏡蛇，先搖擺身體，接著用閃電般的速度出擊，再回復原先的擺動節奏。

一架機關槍一分鐘可射出一千四百發子彈，當這一群戰鬥機消失無蹤時，一開始一切如常，並沒有變化。事情是在天空已經淨空，恢復寧靜和平時才開始轉變。當偵察機飛行員的頸動脈噴出第一道血柱，當右側引擎蓋悶燒許久後竄出第一道火舌，敵軍戰鬥機早已揚長而去，在遠方冷眼旁觀了。如同當毒液攻擊心臟，讓臉部肌肉開始扭曲變形時，眼鏡蛇早已悠哉地將身體盤起。戰鬥機的隊伍不是在殺人，而是在播下死亡的種子，死亡在他們離去後漸漸發芽。

要如何放輕鬆，阿里亞斯少校？當我們飛過那些戰鬥機時，我們有辦法做什麼決定嗎？我們很可能壓根不知道他們的存在。如果他們在我們上方，我是永遠沒機會察覺的。

要如何放輕鬆？天空是一片空茫。

大地是一片空茫。

從三萬三千英尺往下看，不見人類的存在。在這距離之下，人的蹤跡難以用肉眼覺察。我們把望遠鏡當成顯微鏡使用，要用這顯微鏡找出人類存在的跡象，而不是去拍攝人類，即使是望遠鏡都無法捕捉到人的身影。公路、運河、艦隊、遊艇，人類充實了顯微鏡片的視野。我把自己當作是研究冰河時期的地球科學家，戰爭成為了我的實驗項目。

「防空高射機槍是否正對著我們開火？」

「我相信是的，長官。」

杜特並不能確定。射擊地點離我們太遠，硝煙與地面塵土混在一起，難以辨認。他們像這樣胡亂射擊，能將我們擊落的希望實在渺茫。在三萬三千英尺的空中面對地面的攻擊，我們可說是穩操勝算。他們開槍的目的是偵測我們的位置，或許也為了引導他們的戰機向我們靠近，那些戰機如沙塵般散落於廣闊空中，難以目測追蹤。

地面上的德軍只要看到天上掛著一條條珍珠白絲巾，就能認出我們了。每架飛機在高空飛行時，尾翼都會拖著一道長長的白色煙痕，像是新娘的頭紗。這是因為飛機飛行時產生的尾流，會將大氣中的水氣凝結成一圈圈冰晶，在我們身後展開。如果大氣狀態有利於形成雲，我們飛行所創造的尾流會稍微增厚，成為掛於鄉間黃昏時的雲朵。敵軍的收音機、地面彈砲揚起的塵土，以及我們機尾後方誇張而華麗的白色絲巾，指引著德國戰鬥機飛向我們。然而，我們像在行星之間前行，悠遊於空茫的境界中，外界的一切以及我們內在都完全靜止不動。

在地面上的你會說，我們現在正以三百二十五英里的時速飛行。這是一種賽車場的概念。但在空中，時間感不見了，只有空間確實存在著。地球雖然以每秒二十五英里的速度自轉，但它卻是緩慢地繞著太陽，要花一整年才公轉一圈。我們的速度或許也慢得接近地心引力的運作。至於空戰時的飛機密度呢？就像大教堂中一粒粒微小的塵埃罷了。我們這些微小的塵埃，大概吸引了其他數十、甚或數百代表敵機的灰塵。在有人拍打地毯時，我們便如浮塵慢慢揚起，飛入空中。

該如何放輕鬆，阿里亞斯少校？當我直直地往下看，只見一切像是其他年代的骨董玩意，靜止不動地展示在水晶玻璃後。我在博物館的玻璃櫃前俯身細看，這些展示品的輪廓已在光線的照射下凸顯出來。在遙遠的前方是敦克爾克還有大海，左右兩側我則什麼都看不見。現在太陽已落得太低了，我俯視著一整片閃閃發光的廣闊大地。

「杜特！在這片亂七八糟底下，你看得到任何東西嗎？」

「是，直直往下看得到。」

「射擊士！有戰鬥機的影子嗎？」

「沒有，長官。」

事實上，我完全不確定德軍是否還在追我們，從地面上是否能看見我們飛行後拉出的白霧，如同用細長的白色蜘蛛絲織成的一張網。說到蜘蛛網，我的思緒又再度飄走。一幅影像進入我的腦海，在一瞬間將我迷住：「我們跟隨命運，像是高不可攀的絕世美女般，頭也不回，緩慢地將冰冷的群星牽曳於身後。」

「往左偏一點，上尉。」

現實世界又回來了。但我仍持續創作我那上不了檯面的詩句：「我們傾斜側飛，無垠天空中的眾多求婚者，也隨著我們的蹤跡傾斜。」

向左傾斜，真是的！試試看。

絕世美女手忙腳亂地往左偏。

我是真的在哼歌嗎？

因為杜特又說了：「這樣哼歌下去，你會失去意識的，上尉。」

他徹底壞了我哼歌的興致。

「我要的照片就要拍完了，上尉。幾分鐘之後，我們就能前往阿拉斯了。」

我們能航向阿拉斯了。怎麼，當然了，既然我們已在半路上，我們有機會抵達的。

呼！我的喉嚨一緊，發不出聲音了。

然後我對自己說：

「這個禮拜，每三組隊員中只有一組成功歸來。也就是說，這場戰役相當危險，但如果我們是回得來的那些人，那也沒什麼好說的。我曾經有過冒險——我在航空郵件的機隊中打過先鋒；我曾墜落在撒哈拉沙漠，被兇惡的阿拉伯人帶走；我曾飛越安地斯山脈。但打仗並不是真正的冒險，而只是冒險的代替品。除非牽絆被建立、問題被提出、創造力被激發，才算是冒險。只是丟丟銅板猜正反面，孤注一擲地賭結果是死是生，這樣的戰爭不是冒險，而是疾病，像是斑疹傷寒。」

或許到後來我才會發現，戰爭中我唯一一次名副其實的冒險，是發生在奧爾孔特駐地中，我的寢室內。

IX

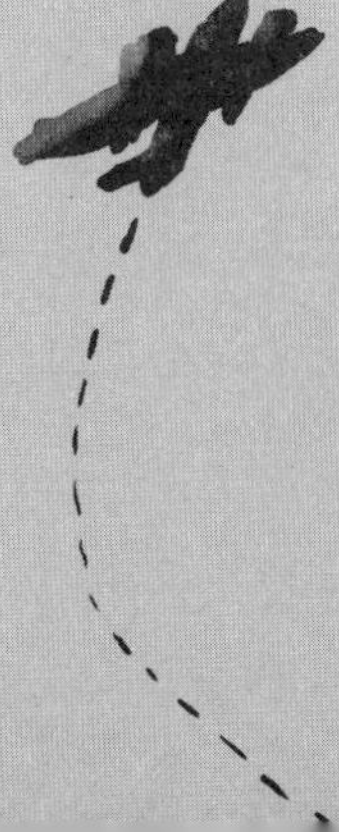

奧爾孔特是位於聖迪濟耶郊區的一個村莊，在一九三九年的寒冬，我們中隊駐紮在此地，我被分派到一間用黏土糊牆的農舍作為寢室。當時夜晚的氣溫會降到連陶壺中的水都結冰，所以我早上起床的第一件事就是生火，但在生火前，我得先從我窩得既舒服又溫暖又快樂的床上爬起來。

對我來說，在那間空蕩冰冷的寢室裡，沒有什麼比那張便床還要神奇的東西了。就是在床上，我才能在一整天讓人精疲力盡的任務後，好好享受放鬆休息的幸福。在床上我感到安全，沒有危險能來侵犯。白天我暴露在高空飛行的酷寒以及機關槍掃射的砲火下，身體隨時可能承受痛苦操勞和意外傷害。我的身體不屬於我，不再屬於我自己，身體內的各個器官隨時可能被徵召，血液不需經我同意便隨時可能汩汩流出。因為戰爭，也意味著士兵身體的各部位將被視為一堆零件，不再屬於自己所擁有。值星官上前要求一雙眼睛，你便得交出你的視力；值星官上前要求一雙腿，你就得交出自由行動的權利；值星官拿著火把上前檢視，要求割下你臉部的皮肉，你就必須交出微笑以及向同袍表達友誼的能力，變成一隻怪物。於是我這身體，在白天時時刻刻可能將我暴露在敵人面前，讓我受傷，製造各種機會讓我抽泣哀號，但當它在半睡半醒間，將自己緊緊裹在絨毛被窩中時，又化身為我順服而親密的好夥伴，不斷向我呢喃訴說著它有多感激、多幸福。然而，這身體卻得離開絨毛被窩！必須被冰冷的水梳洗、刮鬍、穿衣整裝，整齊體面地面對槍砲齊發。起床這件事就像回到襁褓時期，嬰兒被人從母親的臂彎、母親的懷抱中扯開，將所有珍惜、關愛、庇護嬰兒存在的力量奪走。

於是，我總是輾轉反側，盡可能地延長賴床的時間，到最後一刻，才咬緊牙根一躍而起到火爐邊上，把木柴淋上煤油，再丟入一根火柴。然後，當燃油燒起，冒出火光時，我已經成功爬回床上，再度鑽入那讓人感激不已的溫暖被窩裡，我會把被單和羽絨被整個拉起蓋住自己，只露出一隻左眼來觀察爐火。一開始木柴好像無法燃燒，只有零星的火花在爐頂上閃跳，但很快地，爐床上的火就像要準備一場慶典似的，熊熊燃燒起來了。伴隨著劈啪爆裂聲、轟然作響聲、如歌唱般的聲音，燃燒的火焰就像一場村莊婚禮般歡樂，賓客們開始暢飲，打破隔閡，熱絡地推心置腹交談著。

我時而心有所感，這一團和氣的火苗似乎正守護著我，像一隻特別活潑又忠心的牧羊犬，勤奮地工作著。當我望著爐火時，一股安詳的喜悅充滿我全身。而當這歡樂的宴會達到高潮，當火苗的影子在屋頂上跳躍，當金黃色的溫暖樂音滿溢在空氣中，當燃燒的木柴變為金色的結構體，當我的房間內充滿煙與樹脂的魔幻芳香，我會再度從床上跳到火爐邊，像是從一個朋友身邊換到另一個更大方的朋友身旁。站在火爐邊，總說不上這朋友到底是溫暖我的身體呢，抑或是我的心？面對兩邊的誘惑，我像懦夫一樣，降伏於最強壯、最閃耀、最能以響亮的號角聰明地推銷自身優勢的那一方。

因此，連續三次——先是點燃火苗，接著跳回床上，再回到爐火邊享受豐收的火之盛宴——我一連三次牙齒打顫地穿越房間空曠結冰的凍土荒原，領略何謂極地探險的滋味。我靠著自己徒步穿越荒漠，到達幸福的天堂。爐火對我的努力給予回報，在我面前，為我跳動著歡快的舞步。

我的故事對你來說很可能毫無意義，但這仍然是場偉大的冒險。如果我沒有碰巧住進這間農舍，我絕不可能發現我的寢室向我展示的微觀事物。如果我是一名旅客，眼裡只會看見空蕩蕩的普通房間、隨意放置的簡便床鋪、一個水壺、一座醜陋的壁爐。我會打個呵欠然後離開。對於房間的三個區域、三種文明——一是睡覺的地方，另一是生火的地方，最後是那片荒原——我將一無所知，且無法分辨其中的差異。我又怎能猜想到身體的探險歷程像是這樣：起先像是嬰兒般依偎在母親溫柔懷抱的庇護中，接著如士兵般飽受苦難，最後是被文明的爐火點亮而充滿喜悅的人。火，就是部落的磁極，榮耀了我以及我的同袍。當我活著歸來，他們會前來探視，我會邀請他們加入這場火之盛宴。他們會將椅子圍繞著我，一面談論我們的問題、我們的憂慮、我們辛苦繁重的工作，一面搓著手、充填著菸斗，說：「這些問題雖然無法逃避，但至少這火爐能讓人感覺好多了。」

然而，在這飛機上，沒有能讓我相信友誼存在的爐火，沒有能說服我

探險實際存在的冰冷寢室。我從遐想中醒轉，四周一片虛無空茫，除了上古以來的世紀以外，別無其他，除了杜特執迷不悟的聲音對我說：「向右偏一點，上尉。」

X

我像個勤奮的工人般盡忠職守，卻改變不了自己即將落敗的事實。我沉溺在挫敗的情緒中，敗象從我的每個毛孔滲透而出，而我手中就握有挫敗的證物。

因為我的油門控制器結凍了，冷空氣把它們變成兩塊廢鐵，讓我陷入嚴峻的困境。如此一來，無論發生什麼事，我都必須在油門全開的情況下繼續飛行。同時，我的螺旋槳上的節距——一種類似煞車器的裝置，專門負責控制引擎運轉——也受到了自動檢測設計的限制。如果發生任何一種狀況逼得我必須急速俯衝時，我將無法降低引擎的速度，也不能藉由增加螺距去抑制引擎轉速。當飛機急速下降，大量翻騰的空氣湧向我的螺旋槳，我的引擎將很有可能不斷加速運轉直到爆炸。

有必要的話，我也可以關閉引擎，但如此一來，我便再也無法發動引擎，只能永遠熄火。這也代表著偵察任務會失敗，我的飛機也會墜毀。不是所有地形都適合時速一百二十英里的飛機降落——而這已經是我用滑行等方式加以控制飛機後，所能達到的最低速度了。無論如何，我必須成功解開油門控制器。然而，在我總算是解開了左引擎的油門控制器之後，右引擎的油門控制器仍然不動如山。

如果我現在不得不向下俯衝，就得降低左引擎的速度，但如果我降低了已恢復控制的左引擎速度，就必須補償右引擎的橫向牽引力，可是這顯然會使得飛機的軸心轉向左側。要抵消這種偏斜的辦法只有一個：操控方向舵。然而，控制方向舵的手把早就被凍結了。因此，我什麼補償、抵消措施都沒辦法做。一旦我降低左引擎的速度，我便將旋轉掉落。

戰爭的荒謬性又再一次顯現於此，所有事物的運作都出了問題。我們的世界像是被彼此無法鏈結的齒輪所構成，而每當齒輪脫節時，也找不到鐘錶匠修理。

戰爭持續了九個月，但我們仍無法成功說服軍火製造業在生產空軍砲彈及控制器時，必須考慮到這些裝備在高空中使用時的氣溫因素。這裡我們反對的並不是製造商不負責任的態度，人們在大多數時候都是正派而且認真盡責的。我確信這些人一直以來的被動態度，是他們無能的結果而非原因。

無能的結果就像厄運，沉重地壓在身穿法軍制服的我們身上。它籠罩在用制式步槍刺刀面對德軍坦克的步兵頭頂，它依附於以一當十的空軍弟兄身上，它感染了每一位不願看見我們的槍砲與控制器結凍卡死的人們。

我們生存於一個行政體系的閉塞內部。行政體系就像是一座機器，當它越臻完美，就越抹煞人的主動性。如果你使用完善的機器，在一端放入一鐵片，機器便自動在另一端生產出一台汽車，那麼我們便不再需要技術流程、丈量錯誤，以及品質管理了。在一個完美的行政體系中，人們只是小小的螺絲釘，於是懶惰、虛假、不公等事物便應運而生。

但機器並非為了創意而生的，而是為了行政上經營管理的需求。機器的功用在於有系統地將鐵打造成汽車，按照預先制定好的動作，一成不變地執行下去。正如同機器，一個行政體系也無法創造，只能依照指令運作。它能在明定的規範內，對錯誤行為施予相對應的罰則，也能使用既定的方法達成既定的目標。行政體系的設計不是要解決新的問題。如果你從一架汽車製造機的一端放入木頭，另一端出來的絕不會是傢俱。如果發生這樣的事，下面的人便得層層上報，請示上頭將整組機器拆開檢修。行政體系的構成就是為了抵擋人類因主動做事而造成的騷亂。鐘錶的齒輪排斥人類的介入，也排斥鐘錶匠的干涉。

我在一九三九年十一月被分派到2－33中隊，當我到達時，同隊的空軍弟兄給了我最後的警告：

「你要飛越德國上空，」他們說，「在沒有機關槍或武器控制器的情況下。」

為了安慰我，他們接著說：

「但不用太擔心，因為有沒有武器都沒差。德國戰鬥機總會在你發現他們之前，就把你給射下來。」

六個月後，在一九四〇年五月，槍砲和控制器仍然結凍著。

一九四〇年的春天，人人都在傳誦一句古老的法國諺語：「法國總能在最後一刻用奇蹟扭轉乾坤。」

奇蹟發生的背後是有原因的。在精密的行政機器故障，人人都認為無法修復的時候，奇蹟偶爾會發生。為了追求進步，人將自己代替機器，而人類終將拯救法國。

假如航空部被炸得灰飛煙滅，那麼國家便會召集所有人——任何一個人，而政府會對他們說：

「你被指派去確認控制器能否解凍，我們給你全部的權限，你可以自行做決定。但如果控制器在兩週內仍沒法解凍，就得送你去坐牢。」

那麼，控制器結冰的問題應該就能解決了。

我能舉出上百個例子來說明諸如此類的缺陷。舉例來說，北部徵調委員會曾短時間內大量徵用幼小母牛，於是法國的屠宰場都成了小牛的墳墓。北部徵調委員會是一部完美的機器，也因如此，機器中的每個齒輪、政府單位中的每位雇員，都只能在權限之內依法辦事。如果說政府機關就像是一隻錶，那麼每個齒輪都必須依附著另一個齒輪行事，標新立異是徒勞無功的。而這也是為何這些政府機關的小齒輪們能如此輕鬆地屠殺初生的小母牛。這是所謂平庸的邪惡。如果機器全部故障，那這些齒輪們很可能開始屠殺人類。

這類普遍的亂象讓我一面飛行，一面深感灰心。但既然把其中一個引擎搞到爆炸也沒用，我又再度開始與右引擎油門搏鬥。我哀怨而忘形，用力過度地與油門拚搏，到最後決定放棄。這次用力讓我的心臟又一陣劇痛，很顯然地，人類天生並不適合在三萬三千英尺的高空做勞力活動。那劇烈的痛楚是警告，是種自我意識，從我體內沉睡的器官之間，怪異地甦醒。

「如果引擎要爆炸，那就爆炸吧。」我對自己說，「我無所謂。」我試著屏住呼吸，好像我一旦失神，就再也無法屏氣了。我腦海中出現一個老式風箱的畫面，而我在煽動火苗。我祈禱著自己能下定決心將它點燃。

我是否造成了無法挽回的損壞？在三萬三千英尺的高空中，稍微用力就能損壞心肌。心臟是很脆弱的，它必須工作很長一段時間，為了一點例行公事去傷害心臟，真是愚蠢，就像是一個人為了烘焙馬鈴薯而燒毀一堆鑽石一樣。

XI

就算燒毀法國所有村落，也無法中止德軍的攻勢。然而村落中所有的資產、傳統、古老教堂、滿載著一箱箱回憶的老房子、擦得閃閃發亮的胡桃木地板、櫥櫃裡的白麻布、窗戶上因流傳了好幾代而顯得破舊的蕾絲窗簾，從阿爾薩斯到海邊，全都在大火中熊熊燃燒著。

當你由三萬三千英尺的高空往下看，「燃燒」形容的可是件大事。因為在村莊和森林之間什麼也看不見，除了一團靜止的煙霧，像是一種陰森慘白的果膠。在煙幕之下，火舌如同神祕的消化道一般工作著。在三萬三千英尺的高空，時間緩了下來，因為這裡沒有事物的運作，沒有劈啪作響的火舌，沒有燒毀的橫梁，沒有盤旋纏繞的黑色煙霧，只有如牛乳般濃稠的灰，凝結在琥珀色的空氣中。這森林可能恢復原貌嗎？村莊可能恢復原貌嗎？從這樣的高度俯瞰，法國正在被肉眼看不見的微小細菌啃食毀滅。

在這件事上，能說的可多了。

「沒什麼好猶豫的，我們不要捨不得自己的村莊。」我常常聽到諸如此類的言論。這麼說也有道理，當戰爭開打，村莊便不再是民俗的傳承之

地。敵人掌控了村莊，將村落的傳統變成了一窩老鼠，事物的意義不再相同。在這裡，三百多年的樹木是你們家族的庇蔭，卻成為一位二十三歲中尉野地射擊訓練時的障礙，因此他派出了十五人的小隊來殲滅這時間的作品。十分鐘內，三百年的耐心和陽光、三百年的家庭信仰與林蔭下庭院裡的訂婚誓約，全數灰飛煙滅。你對他說：「這是我家的樹！」但他充耳不聞。他是對的，他正在打仗呢。

我們見過多少村落被燒毀，背後原因只是為了打仗而打仗？空軍弟兄如敢死隊般投入一場大屠殺，步兵用肉身抵擋坦克，就像被砍、被燒的樹一樣，就為了讓戰爭看起來像個樣子？我想著，一種無法言喻的憂鬱籠罩著這塊土地，所有人都無能為力。

敵人掌握並利用了一個事實：人類在廣闊無邊的地球中，只占用了相當微小的空間。要在前線組成綿延的人牆，需要用上成千上億個士兵，也因此，部隊在必要時總有缺口，這些缺口理論上可在軍隊移防之間加以彌補。然而，理論是針對受過訓練的裝甲部隊，而不適用於從未操演過的軍隊。

這些缺口就成了真正的漏洞。一條簡單的戰術規則也應運而生：「裝甲部隊應該針對敵軍，如水一般行動，在敵軍的防線上輕輕施壓，在其毫無防備的地點才加以進攻。」坦克車隊依此規則行事，在敵軍防線前進攻，且在攻破防線時從未失敗過。敵軍的坦克隨心所欲地移動如入無人之境，因為缺少法國坦克對付他們。儘管只造成了表淺的損壞——俘虜部隊官兵、切斷電話線、焚燒村莊——後果仍是無法彌補。這些損壞以迅雷不及掩耳的速度橫掃各地後，法軍就算表面上看起來仍舊精實，實際上已經潰不成軍，變身成為一些膠著的小團體，或者可以說，是各自為政的團塊。敵軍的裝甲部隊扮演著化學溶劑的角色，將原本存在的有機體溶解，剩下一堆彼此之間毫無關聯的器官。在這些小團體之間——無論這些團體有多麼驍勇善戰——敵軍仍能隨心所欲地推進。要讓一個軍隊呈現效率，只靠人數取勝是無用的，必須有其他強項才行。

我們在面對敵軍時是一人抵擋三人，一架飛機要對付十架或二十架敵機。在敦克爾克戰役之後，一輛坦克要對上一百輛敵軍坦克。我們沒有時間回顧過去，甚至沒有時間對自己說這樣的話：我們像是四百萬農民在軍備競賽上對抗八百萬工廠工人，必輸無疑。我們全心全意地投入當下，而當下的現狀就是，無論何時何地的任何犧牲，都無法減緩德軍的攻勢。

如此狀況造成了行政與國防單位裡充滿了一種氣氛，上上下下，從二等士兵到將軍，誰也不會、也不敢用言語表示出愧疚之情。如果犧牲僅僅被視為一種拙劣的模仿或自殺行動，那麼慷慨赴義便再也沒有尊嚴可言。犧牲自我是美好的情操，總有人會為了拯救他人而赴死。面對勢必撲滅的熊熊大火，我們絕望地與火苗搏鬥，就像在四面楚歌的營地中拚死搏鬥，就為了拖延時間等待援軍趕到。這是對的。但我們現在已被大火團團包圍，也沒有能撤退藏身的營地了。我們心知肚明，援軍不會到來，我們的希望已無所寄託。至於那些說我們為誰戰鬥以及我們說要透過戰鬥保護的人，以我們目前的所作所為，別說是保護了，顯然是除了送死也別無其他。因為飛機丟下炸彈摧毀了前線後方的城鎮，讓戰爭變成我們未曾想像過的樣子。

後來聽說有些異議人士責怪法國沒有把橋梁全數摧毀、沒有把村落通通燒光、沒有戰到最後一兵一卒。但在戰爭現場，實情卻是相反的——完全、徹底的相反到讓我深受衝擊。我們絕望地掙扎著不去正視眼前不言而喻的事實：我們知道一切已無藥可救，但為了繼續打這場戰爭，還是炸毀了橋梁；為了繼續打這場戰爭，我們還是燒毀了村落；為了繼續打這場戰爭，我們讓弟兄們前去送死。

當然，有些事物還是會被遺漏而得以保存！有些橋梁被漏掉了，有些村莊被漏掉了，有些人也得以倖存。但是這場敗仗最悲劇性的一點是，所有的行動都是沒有意義的，炸毀橋梁的士兵是不得不勉強而為之，最後的結果是，他只毀了一座橋，卻完全無法拖延敵人進攻的速度。他摧毀了他的國家，只為了成就一場華麗而諷刺的戰爭鬧劇。但被炸毀的可不是鬧劇布景，而是一座真正的橋梁。

如果一個人全心全意的奮鬥，那麼促使他奮鬥的意義絕不會錯。化為灰燼的村莊所表達出的意義，和村莊本身存在的意義一樣耀眼。然而我們的村莊化成灰都沒有意義。我們的死必須要和死亡本身一樣深具意義，但是我們卻像是在一場默劇中猜字謎，還未猜到答案便要無聲無息地死去。我方不斷地焚燒與陣亡，而敵軍的一百六十個部隊完全沒有放在眼裡。

有人曾經問過，我們的士兵死得光榮或是慘烈？這問題多沒意義啊！參謀總部明知道某些城鎮只能再抵擋三個小時的攻擊，卻告訴我軍弟兄必須死守至最後，在無法抗命的情況下，我軍幾乎得請求敵軍摧毀城鎮，如此一來，才算遵守戰爭的遊戲規則。他們就像是棋局中的友善棋手，還會提醒對手：「你忘記拿走你的那顆卒了。」我軍弟兄就像這樣花時間向敵軍下戰帖。

「我們是這村莊的防守者，」他們虛張聲勢地說，「你是攻擊者，準備好了嗎？遊戲開始！」

接著敵軍便派出空軍中隊，將村落一舉殲滅。

「好棋啊，納粹！」

當然，偷懶的士兵也是有的，但懶惰的背後是節節敗退的絕望。當然，逃兵也是有的。我記得阿里亞斯少校三番兩次地威脅要槍斃那些灰頭土臉、運氣不佳的亡命之徒。他們從公路上被抓回來後，也不正面回答阿里亞斯提出的問題。面對潰敗，人人都有抓一個代罪羔羊來負責的衝動，也相信只要有人出面，就能扭轉整個局勢。於是逃兵便要為潰敗負責，因為沒有逃兵就不會戰敗，只要對著逃兵拔槍揮舞，所有問題便能迎刃而解。

這就好比為了消滅疾病而強行埋葬病人。阿里亞斯少校最後總是將拔出的槍又收回了槍袋中。他能清楚地看出手中這把槍有其浮誇之處，就像是歌舞喜劇中的刺刀道具。他心裡也很清楚，眼前那些垂頭喪氣的傢伙們是災難所產生的結果，而不是產生災難的原因。他完全明白，這些逃兵和那些願意慷慨赴義的士兵是一模一樣的。在法國的其他角落、在每個當下，都有這樣的人。在短短兩週以內，有十五萬法國士兵接受了自己即將赴死的事實，但仍有些頑固的人，堅持著想知道赴死的理由。

要找到理由，非常困難。

就像是一名正在生命跑道中比賽的跑者，與其他同等量級的跑者競爭著。鳴槍起跑後，跑者們向前狂奔，而這名跑者卻發現他的腿上多了一顆鉛球和鐵鍊。於是他放棄不跑了。

「這比賽不算數。」他說。

「這當然算，要算！」你抗議。

你要說什麼來說服一個人全心投入一場連他自己都不承認的比賽？阿里亞斯知道這些逃兵在想什麼：「這比賽不算數。」正是他們心中所想。

阿里亞斯將槍放回槍袋，試著尋找一個更好的回答。

更好的、更有邏輯的回答只有一個，我賭沒人能找到其他更好的答案，那就是：「你的死毫無用處，戰敗已是注定，但戰敗要經由死亡表現出來才最為恰當。我們會為你哀悼，而你的職責就是扮演死人的角色。」

「好的，長官。」

阿里亞斯並不鄙視逃兵。他再清楚不過，他的回答總會奏效。他已接受了預期中的死亡，他手下的機組員也是。他的回答經過些微修飾，總是能達到預期效果。

「這真是太爛了，但參謀總部就要這樣做，他們就是堅持要這樣做。就是這樣。」

「好的，長官。」

就這樣，阿里亞斯知道我們已然接受了他的指令。

死去的人就是生者的擔保人。我的想法就這麼簡單。

XII

我已蒼老了太多，過去的一切已被拋諸腦後。我透過機上閃閃發光的大片擋風玻璃向外凝望，我的底下有人，小得像是在顯微鏡下蠕動的纖毛蟲。有誰會為纖毛蟲的利益而努力呢？

要不是縈繞在我內心的痛苦讓我感覺還活著，我可能就會像個老去的暴君一樣，沉溺於昏庸的胡思亂想當中。十分鐘前，我才把我們的機組員形容得像冗員似的，真是大錯特錯。當我看見德國戰鬥機飛至我們下方，我首先想要輕輕地嘆口氣嗎？不，我先想到的是有毒的黃蜂。這就是現實。他們很小，而且相當猥瑣。我簡直不敢相信自己竟然用文學詞藻編造出「拖地白裙」之類的形容詞，我不該這麼做的！一方面是因為我也沒有看過自己飛機的航跡。在機艙裡，我就像菸斗安放在菸盒裡，完全看不見自己的背後有什麼。如果我要知道背後的景象，我得請射擊士幫我注意，而且對講機還得保持暢通。我的射擊士也從不會對我說：「有幾個崇拜我們的追求者跟在我們的飛機裙襬後面。」

這些都只是在賣弄文字技巧罷了。當然，我想要去相信、去戰鬥、去贏得勝利。但用燒毀自己國家村莊的這種手段，來試著要人假裝相信、戰鬥、贏得勝利，實在無法讓人燃起鬥志。

生存很艱難。各種關係交織而成的節點成就了每一個人，而如今我和他人的關係已不再有價值了。

在我內心深處，有什麼已然崩壞？能用來交流的祕密又是什麼？出於何故，一個手勢、一個簡單的字詞，就能在人類的命運上激起連綿不息的漣漪？出於何故，現在對我來說遙遠而抽象的事物，會在其他情況裡讓我感到心神不寧？如果我是巴斯德*，顯微鏡下的一片抹片所能呈現的，會比一片原始森林還要廣大，而觀察這抹片將是我最驚喜的一種冒險經驗時，又是出於何故，纖毛蟲的活動對我而言將變得微不足道？而我腳下的那些黑點，是人類的房子，又是從何而來？

我又再度想起了一些童年的回憶……

* 路易．巴斯德（Louis Pasteur），法國微生物學家。

當我還是個小男孩……我是指我的幼童時期，那廣闊的地域，每個人都是從那裡出發。我從哪裡來？從我的童年來，我從我的童年走來，如同從家鄉土地出發。當我還是個小男孩時，我曾有段古怪的經歷。

那時我該是五或六歲大吧，時間是晚上八點。孩子們在八點時都應該上床睡覺了，尤其是冬天，天色早已暗下的時候。但因為某些原因，我落單了。

我們在鄉下的家很大。在一樓，有個對我來說相當巨大的前廳，這廳堂通往我們孩子們用餐的溫暖房間。我總覺得那個前廳很可怕，可能是因為掛在它中間的黯淡燈光，幾乎融入黑暗當中。與其說是燈光，反而更像是一種符號。前廳由高聳的牆面裝飾構件組成，而這些嘎吱作響的構件，也造成了我害怕的另一個原因。加上這前廳很冷，從溫暖光亮的房間走進前廳，就像是走進了地底洞穴。

但在那個晚上，我發現自己落單後，我決定聽從內心那個小惡魔的話。我踮起腳尖，搆住餐廳的門把，輕輕推開門，偷偷摸摸地展開了我對世界的探索。

我第一個注意到的是嘎吱作響的牆面，那聲音像是來自天庭的怒意。這一大片牆正在陰影中大聲責罵我。我不敢再往前進，轉而爬上了玄關桌，靠著牆，兩腳懸空地坐著，心臟跳得好快，快得跟船沉了的水手一樣，坐在茫茫大海中的礁石上。

就在此時，客廳的門打開了，兩個看起來很嚇人的叔叔甩門而入，將燈光和喧鬧聲關在外頭，開始在前廳裡踱步。

我怕被發現，不停地發抖。修伯特叔叔在我眼中形象嚴厲，是神聖的正義代表。這位叔叔從不親熱地擰擰孩子的耳朵，或捏捏孩子的臉蛋。當我頑皮做錯事時，他會嚴厲地皺著眉頭警告我：「下次我去美國，會帶一台揍人的機器回來。美國的機器是世界上最先進的，所以美國的小孩也是全世界最乖的，這機器對父母來說最好用了。」

我不喜歡美國。

他們就在那裡，在那無限大的前廳中來回踱步。同時間，我豎起耳朵，直盯著他們瞧，還屏住呼吸到差點暈倒。「像現在這種時代。」他們說著，然後帶著那些屬於大人的祕密走遠了。「像現在這種時代。」我記住了這句話。接著，他們像海浪一樣，帶著神祕的寶藏，再度向我襲來──「太瘋狂了，這真是徹底瘋了。」一位叔叔對另一位說。我像發現無價之寶一樣釣起了這句話，緩緩地重複著對自己說，「太瘋狂了，這真是徹底瘋了。」想測試這句話的力量，到底能對五歲小孩的心智產生多大的作用。

海潮帶著叔叔們遠去，然後再將他們捲回來。如恆星一般規律地運行，也像地心引力所造成的現象，如此來來回回不斷地重複，讓我看不清未來的樣貌。我好像被永遠困在玄關桌上，竊聽一場嚴肅會談，聽著我那兩個無所不知的叔叔聯手創造世界。這房子可能還會在此矗立千年，而在這千年之間，我的兩個叔叔將如鐘擺一般持續在前廳裡踱步，直到永遠。

從三萬三千英尺的高空中往下看見的黑點，必定是人類的住處，但我卻對它毫無感覺。那也許是座鄉間的大宅院，也有兩位叔叔在裡面來回踱步，慢慢地在孩子的意識中創造出像遼闊的大海那樣奇妙的東西。

我的視野開闊，能一眼望見的地方大得像一個省分。然而我所在的空間卻小到讓人近乎窒息。我在空中所占據的空間，還沒有我在那個黑點裡占得空間來得大。我失去了對遼闊的感覺，甚至對距離是盲目的，但我卻渴望距離的存在，彷彿我在這裡偶然發現了能夠衡量所有人類、所有抱負的共同標準。

當愛在偶然間被喚醒，人便會心悅臣服，感覺內心的一切都對了。這時，愛情帶給他廣闊的感覺。在撒哈拉沙漠，當阿拉伯人於夜裡蜂擁而至我們的營火旁，警告我們即將有危險到來，沙漠對我們來說便有了生命，有了意義。那些信使讓沙漠呈現出廣闊的空間。音樂也有相同效果，散發沉穩香氣的老櫥櫃也是，它總是能喚起生命中的回憶。情感也是。

但我也知道，人的一切都無法計算與衡量。真正的遠方是肉眼看不見的，只能用心去看，它和語言有著同等的價值，因為正是語言，才能將事物連結成一體。

文明是什麼，我自己是越來越明白了。文明是信仰、習俗，以及幾世紀以來的緩慢積累、代代相傳的知識結晶。其中的成分有時難以用邏輯解釋，只能說，文明打開了人類的內心世界，就像一條帶領人通往某種境界的道路。

有些廉價的文學作品向我們聲稱，逃避是必要的。的確，當我們想遠走高飛，我們就會去旅行。但遠方難尋，當你抵達某個遠方，那遙遠的距離感便會慢慢消逝於日常。因此逃避是沒有用的，它從未帶你到過任何地方。當人一定要透過競賽、去北極圈、發動戰爭來感覺自我的存在時，那人便是在牽動自己與其他人，以及整個世界之間相互連結的繩索。但那繩索多可悲啊！就算不去攪動一池春水，一個強盛的文明已足以讓人充實盈滿。但問題是，當什麼也不做時，我們的價值又在哪裡呢？

道明會的修士在祈禱時，存在感最為強大，當一動也不動地跪拜在神像之前，他才感覺自己真正的活著。巴斯德呢？則是他屏息站在顯微鏡前，凝神檢查實驗結果時，存在感最為強大，在那個當下，他正急著往前邁進，一步千里。他的身體在原地不動，卻拉開了自己與他人的距離。塞尚，在他的畫前靜定不語，卻是個無法度量的存在，他在沉默、感知與思索中，徹底地活著。在他面前，他的畫布比海洋還要廣闊。

對人來說，廣闊的感受可以是孩提時的家園所賦予，是奧爾孔特的那間農舍所賦予，是巴斯德顯微鏡下的視界所賦予，也可以透過一首詩展開，這些脆弱而神奇的物品，只有在文明之中才能散布。距離是精神上的財富，而非肉眼所能見到；而沒有語言，就沒有距離。

然而，當一切都在混沌困惑之中，我該如何讓自己的語言能力更加敏銳呢？當房屋旁那整齊排列的樹木是承載幾世代家族的船艦，也是遮擋砲火射擊的屏障？當一群德國轟炸機黑壓壓地飛在村莊上空進行鎮壓，讓村里的人竄逃至附近的公路上，人潮有如流淌的黑色糖漿？當法國狀態有如被捅破的螞蟻窩，四處散落，骯髒而混亂？當我們戰鬥的對象並非有血有肉的敵人，而是冰凍的方向舵、卡死的油門和打滑的螺栓？

「可以下降了，上尉。」

我可以下降了，我也應該下降。我應該在阿拉斯下降，開始進行我們任務的第二部分：低空偵察。在我身後，有一千年的文明可以幫助我，但是他們沒有幫助我。可能現在還不是獲得獎勵的時候。

我在時速五百英里時開始降低高度。一面俯衝，一面將赤紅的太陽拋在背後。在前方三或四英里處，我看見一大片的雲朵直直往前延伸像是浮冰，整個地區都被其陰影給遮蓋了，阿拉斯也是。在浮冰之下，我想像著，世界是黑色調的，裝在巨大的湯鍋裡，被戰爭燉煮著——壅塞的道路、燃燒的房子、棄置的工具、毀壞的村莊。一切是一片混亂，永恆的混亂。

在這裡下降，就像是滾進了廢墟。我們不得不在飛濺的泥巴中前進，也得回到野蠻狀態，在底下那破爛不堪的環境中求生存。我們像是旅人，經過長年生活在環繞著棕梠樹及珊瑚的陽光之地後，花光了所有積蓄，如今必須身無分文地動身回家。我們面對的未來，是回到原點的貧窮生活——與吝嗇的家人分享油膩的飯菜、家族間的激烈爭吵、金錢引起的不良企圖、虛假的希望、房東面前的卑躬屈膝、傲慢的地主、蓬頭垢面，最後在醫院裡渾身發臭地死去。至少在空中，無論何種形式的死亡都是乾淨的。死亡在太陽與天空之中，在冰與火之中。但是在下面啊！死亡是在爛泥中燉煮著……

XIII

杜特的聲音從對講機中傳來。

「往南飛，上尉。」

有道理，在本國領土範圍內降低高度，總比在敵軍的地盤內安全。

往下俯瞰地面上那些密密麻麻的道路，我比以往都還要清楚地了解到和平的意義。在承平時期，世界獨立運作著，村民們在黃昏時從田地裡回到家中，穀倉中存放著穀物，櫥櫃中疊著摺好的桌巾；在承平時期，各種物件都在它該有的位置上，簡簡單單便能找到。每個朋友都在他的崗位上，輕易便能聯絡上。人人都知道晚上自己該回哪裡睡覺。啊，但當這框架被打破，當這世上已無你的容身之處，當你不知該上哪才能找到朋友，便是和平逝去的時候。事物有意義地組織在一起，並存在它該在的地方，便顯出和平；當各個微小事物能組成一個比它們本身更大的整體，便顯出和平。就像地面下各種礦物質，集結而長成了樹木。

然而，這是戰爭。

從機上向下看，我見到黑壓壓的公路上，無止盡的人群像糖漿般流淌至地平線的那端，戰區的居民正在疏散撤離。無論如何，這是官方說法，但現在狀況已不是這樣。居民們是在逃難，大逃亡的瘋狂氛圍感染了每個人。這些流浪的難民要往哪裡去？他們要往南走——說得好像南方有房間、有食物、有溫柔的雙手等著歡迎他們，但其實南方只有人滿為患的嘈雜村莊，睡在棚子裡的男男女女，存糧也已漸漸見底。見到這般瘋狂入侵的景象，像是淤泥阻塞了河流，開始讓人窒息，就算是南方最慷慨大方的心腸也會一點一滴地變硬。一個小小的省分，能夠裝載並滋養整個法國嗎？

他們要往哪裡去？沒有人有想法。他們朝著幻想中的天堂走去，會說是幻想，是因為這一車的隊伍幾乎沒能在看到綠洲還是綠洲之前抵達。一個又一個的綠洲信用破產，殃及車隊。而等到這車隊在偶然的機會下，遇上了一座真正的、看似仍生意盎然的村莊，他們便會在一夜之間將這村莊生吞活剝，像疽蟲一般把肉屑啃蝕得一乾二淨，只剩下發亮的骨頭。

敵軍推進的速度，比大逃亡的隊伍還要快速。在各個地方，武裝車輛呼嘯而過，一旁的人潮便推擠、阻塞、繞圈，有時往後倒退。整個德軍部隊都與人群攪和在一塊，那些在其他地方進行殺戮的德軍，在這裡卻和難民一同試圖止飢解渴。

在撤退途中，我們中隊曾經駐紮過十幾個村莊。每次紮營時，我們都會遇見大批人馬拖拖拉拉的經過。

「你們要往哪裡去？」

「沒有人知道。」

他們永遠不會知道，也沒有人知道。他們在撤離，沒有房屋可安頓下來。所有的路都不通，即使如此，他們仍在撤離。在北方的某處，有隻腳踩散了螞蟻窩，於是螞蟻開始遷徙，努力地，沒有恐慌，不帶希望，也沒有絕望，就像在履行任務一般地往前走。

「誰命令你們撤離的？」

答案永遠是市長、老師或是市政府的職員。某一天的凌晨三點鐘，一道命令在家家戶戶間迅速傳開來：「全體撤離！」

大家都在等這道命令。因為兩週以來，他們看著村莊的街道上，有無數不再相信自己的家園能留下的難民走過。長久以來，人們脫離游牧身分，在地球上過著定居的生活，他們建造的村莊存在了好幾個世紀。他們上過蠟拋過光的地板、製作的椅子，都傳給了子孫，長久地使用著。祖宅在出生時迎接他，也在死亡時送他離去，像一艘堅固的小船，從河岸的一頭划到另一頭，在同一條河道上載送著子子孫孫。如今，這一切都結束了。村民們開始遷徙，而沒有人知道原因。

像這樣的道路遷移，也是我們經驗裡的一部分。我們是飛行員，在某些日子裡，飛行任務會在一個早上之內帶我們飛過阿爾薩斯、比利時、荷蘭和相關海域。但我們要解決的問題通常是在法國北部，而我們的視野常侷限在一個交通阻塞的十字路口那樣小的框架內。僅僅三天之前，我目睹了我們移防的村落被蹂躪的過程。那是段我永遠也無法擺脫的記憶，邪惡而鮮明。

時間是早上六點，杜特和我才剛從宿舍中走出來，就發現自己置身一片混亂之中。所有馬廄、棚子、穀倉和車庫裡的各種工具，全離奇地被傾倒在街道上。有新的摩托車；有大半個世紀都沒用、蓋著一層厚厚灰塵、古老的農用推車；有各種馬車、貨車和肥料車。如果在這團混亂中看見郵務馬車，也沒什麼好驚訝的。只要是有輪子的東西都被挖了出來，房子裡值錢的物品也被收拾乾淨，包裹在床單中。從門口到車上，滿地都是物品，像是一座座小山。

這些珍寶堆疊聚集，形成了一個更大的寶物——家。單獨來看，家裡的每樣物件都不值錢，然而這些物件卻可以是個人的信物，是家族的門面。它們待在自己的位置上，是人們生活中不可或缺的一部分，是美麗的回憶，在它們共同組成的家園中，它們的個別價值由此顯現。然而，擁有這些物件的人只看見它們本身的價格。現在這些寶貝們從壁爐上、餐桌上、牆壁上被胡亂扯下，亂七八糟地堆疊著，變成了破銅爛鐵。這些珍稀

的舊物件成了垃圾堆，讓人看得直反胃。

「這裡是怎麼回事？你們瘋了嗎？」

咖啡店老闆娘聳了聳肩。

「我們在撤離啊。」

「為什麼啊？我的天！」

「沒人知道，是市長的命令。」

她忙到沒空說話，一下子就消失在樓梯間。杜特和我站在門口張望，每一輛汽車、馬車、手推車、巴士裡都擠滿了孩童、床墊和廚房用品。

在這當中，最可憐的就是老式汽車了。一匹馬昂然站立於車轅前方，感覺就是穩當可靠，馬兒不需要零件，馬車只要用三根釘子就能裝修完成。但是這些屬於機械時代的物件啊！這些由活塞、閥門、發電機和齒輪組合而成的玩意，在它拋錨解體之前還能夠跑多遠呢？

「上尉，能夠請你幫忙嗎？」

「當然，什麼事？」

「幫我把車從車庫裡開出來。」

我吃驚地看著她：

「妳確定妳會開車嗎？」

「噢，沒問題的啦，馬路整個塞住了，應該不難！」

她身旁還有她嫂嫂、她們的七個孩子。

這路好開嗎？這是條每天只能移動十或二十英里，每兩百碼就得停下來的路。她要剎車、停車、換檔、從低速檔切到第二檔，然後每五十碼就得在混亂壅塞的道路上全部重來一次，這樣會好開？這女人開不到半英里就會完全崩潰！還有，她一定會忘記給汽車加油、潤滑油，還有水！

「最好注意一下妳的水，妳的水箱跟個篩子一樣在漏水。」

「嗯，這車已經不新了。」

「妳要在路上開一星期呢，知道吧？水漏成這樣要怎麼開呢？」

「我不知道。」

走不了三英里，她就會陷在車陣中，弄壞離合器，輪胎爆裂，然後和嫂嫂還有七個孩子哭成一團。面對讓她們束手無策的問題，接著只能放棄。她們會丟下車子，坐在路旁，等待好心人來到，指引她們一條出路，就像牧羊人照顧羊群那樣。

但所謂的牧羊人是不可思議地少見。杜特和我注視著這隻想自行處理所有事務的「小羊」，但這隻羊對轟轟作響的機械系統是一無所知。三千個活塞、六千個閥門，這機器的零件互相碰撞、摩擦、鏗鏘作響，汽車水箱裡的水也開始沸騰。她慢慢地、拖拖拉拉地發動這輛註定要報廢的車。這是沒有備用零件、輪胎、汽油、也沒有汽車技師的逃亡車隊。她們瘋了！

「妳們為什麼不待在家呢？」

「天曉得，我們也想留在家裡。」

「那妳們為什麼要走？」

「有人要我們走的。」

「誰？」

「市長。」

每次都說是市長。

「當然，我們全部的人都寧可留在家。」

實際上，這些人一點也不驚慌失措，她們只是盲目行事。杜特和我試著點醒其中幾個人。

「看看這裡，你何不把這些東西卸下來放回房子裡？這樣至少還能有水喝。」

「這樣當然是最好啦。」

「你們可以這樣做啊，何不試試？」

杜特和我成功了。一小群村民圍了上來，聽我們說話，並點頭表示贊同。

「那上尉說得對，真的！」

其他人也過來支持我們。一個被我們說服的修路工人，現在表現得比我們還熱切：

回來。

「我就說嘛，一上路我們就只能吃土了！」

他們爭論著，接著表示同意留下。一些人跑去說服別人，然後失望地回來。

「沒有用，還是得走。」

「為什麼？」

「麵包師傅已經走了，這裡還有誰能做麵包呢？」

這村子已經四分五裂了，從一個洞開始接著另一個洞向外裂開，村子的一切都從洞裡漏了出去，沒有了希望。

杜特告訴我他的想法：

「慘的是，人們被洗腦了，認為戰爭是不正常的狀態。在過去，人們會待在家。戰爭和生活是同一回事。」

咖啡廳的老闆娘下樓了，拖著一個大布袋。

「妳可以給我們一杯咖啡嗎？我們再半小時就要飛了。」

「啊！可憐的小伙子！」

她擦了擦眼睛，但並不是為我們流淚，也不是為了她自己，她是因為太累而哭泣。這逃亡的隊伍每往前一英里就更加分崩離析，她身處其中，感覺漸漸窒息。

在遠處空曠的國土上空，敵軍戰鬥機正低空飛行，用機關槍朝這可悲的人群掃射。但令人驚訝的是，敵軍相當節制，沒有趕盡殺絕。到處都有燃燒的汽車，但數量並不多，傷亡也很少。死亡反倒有點多餘，有點勸告意味，像是牧羊犬輕輕咬住羊的後腿，藉此趕著羊群往前進。雖然有人會覺得奇怪，為什麼敵軍明明能輕易將逃亡隊伍炸成碎片，卻不徹底行動，只造成零星且局部的破壞。沒錯，要拆散這逃亡隊伍，根本不需要動用敵軍，光靠那些汽車機械就可以了，它們會自動故障。機器是為了成熟而和平的社會所設計的，當沒有人去維修、調整、拋光，機器便會迅速老化。今晚，所有機器看起來都有上千年那麼老了，我像是看見了機器臨終前的痛苦掙扎。

這兒有個農夫正在鞭打他的馬，高高坐在他的位置上，威嚴得像個國王，統治著整個車隊。

「你看起來很滿足喔。」

「啊，因為現在是世界末日啊。」

突然間，我覺得很難受。這些勞動者都是單純的人，原本都有個立足之地，現在卻即將變成寄生蟲和害蟲，散布至全國各地，將一切蠶食殆盡。這想法讓我感到噁心。

「有誰會給你吃的？」

「誰知道。」

有誰能餵飽這上萬名移動中的人群？他們用一天只有二到十英里的龜速，拖著身軀走了長長的路，就算有食物，也遠遠不足以供應他們。

公路上混亂的人們、柏油路上拋錨的老舊汽機車，讓我想起自己在利比亞沙漠迷航的經歷。普雷沃特和我墜毀在一片黑色礫石地上，石頭如玻璃般碎裂，我們的飛機機殼就這樣晾在地上，被太陽曬得發燙。跟現在的情況相比，真有種似曾相似的感覺。

我絕望地盯著這些難民。一大群蝗蟲在寸草不生的柏油路上，能活多久？

「你們有想過喝雨水嗎？」

「不知道。」

他們什麼都不知道。整整十天，他們眼睜睜看著一波又一波的難民接連湧入他們的村莊；整整十天，這種逃亡的劇碼不斷上演，現在則輪到他們了。他們將加入這遠行的隊伍，但又躊躇不決。

「如果是我的話，我寧願死在家中。」

「我們都寧願死在家中。」

千真萬確。就算天塌了下來，他們也不願意離開家鄉。

就算法國仍留有存糧，也無法透過公路進行運送和配給，因為路上已被川流不息的逃亡群眾給占據了。你得想辦法穿越拋錨的、擋路的車輛，還有一連串交叉路口上打結的交通，這怎麼可能運送？

「已經沒有存糧了。」杜特直發愁，「不然就沒事了。」

到處都有傳言，說政府已經下令禁止所有人撤離，然而要怎麼傳達這命令呢？就算這是真的。所有的路都堵死了，電話不是被占線，就是被剪斷了。依照經驗法則來看，收到的訊息也不盡可信。現在已不是下令或不下令的問題，而是需要發明一套全新的暗號以利訊息傳遞。

幾千年來，大家都知道，征戰是男人的事，當戰爭爆發時，要讓女人和小孩先行避難。村長依此慣例行事，政府職員知道這點，小學老師也知道這點。假設他們在此狀況下，突然收到一條命令要停止撤離，也就是說，要將女人與小孩留在轟炸區內，那他們可得花上一個月去理解這新時代的觀念。舊有的道德觀不可能在一夕間被推翻，而當你還在調整自己的想法時，敵軍仍在步步進逼。於是，村長、職員和老師決定讓人潮湧上公路。接下來該怎麼做？真相在哪裡？沒有了牧羊人的羊群就此盲目前行。

「這村裡有醫生嗎？」

「我猜，你不住這裡，對吧？」

「對，我們住在北方。」

「你們為什麼要請醫生？」

「我太太快生了。」

他的太太躺在一堆廚房器具中間，像躺在廢鐵組成的荒漠中。

「你難道沒想到要早點叫醫生嗎？」

「沒辦法，我們已經在路上四天了。」

路上的人潮不斷地川流前行，像是水灌滿了管子，要流進巨大的下水道裡。能在哪裡停留？每個村莊在你到達時早已被掠奪一空，變成荒漠。

「不，這裡沒有醫生。我們中隊的軍醫也在前線，距離十英里處。」

「好吧，謝謝。」

男人擦了擦額頭，一切都亂了套。他的太太將在充滿了廚房器具的床上生產，但這並不殘酷，而是不人道。沒有人抱怨，因為抱怨也沒有用。他的太太將會死去，而他也無法抱怨。要抱怨什麼？太太在產褥中死亡？一切已無藥可救，是場惡夢。

「如果我們能在哪邊停下來就好了！」

如果能找到個正常運作的村落、旅社或是醫院就好了，但醫院也全都被撤離了，天曉得為什麼。這就是遊戲的一部分，玩壞了也沒時間重來。我們甚至找不到、也沒有壽終正寢這回事了，只見殘缺不全的屍體，如同拋錨的車子，四處散落著。

我在每個地方都感受到勞苦奔波的氣氛，用一種慢條斯理的方式呈現。人們每天行走二到十英里路，以閃躲日行五十英里的坦克和時速四百英里的飛機。好比當瓶子被打翻，裡頭的糖蜜就會流淌出來。這人的太太要分娩了，他有著大把的時間，卻無法好好利用。這非常緊急，但這真是緊急事件嗎？這事被懸在緊急和永恆之間，保持著不穩定的平衡。

這群人的世界慢了下來，像是人臨終之前的思緒。這一大群人站在屠宰場外，疲憊地跺著沉重的腳步。這柏油路上有多少人，一千萬或者五百萬？他們已然接受自己即將通往永恆。

我自忖，「這些人到底該如何活下來？人又不能啃樹皮來填飽肚子啊。」然而他們並沒有被自己的命運嚇倒，離開了自己的家、被剝奪了工作和責任的他們，已失去了活著的意義。他們不再有自己的身分，存在價值是微乎其微。他們幾乎是行屍走肉了。接下來，他們會自尋苦惱，像是因為扛著太多行李而身體疼痛，因為包裹行李的床單鬆脫，雜物悲慘地掉了一地，或者必須得不斷推車，試圖發動引擎重新前進。

但沒有任何關於戰敗的消息，因為當自己就是失敗的一員時，此事就不值得一提。一幅畫面突然出現在我的腦海：法國已被開膛剖肚，快啊！縫合法國！沒有時間可浪費，不然就沒救了。

一樣的狀況又來了，這群人開始窒息，像是離了水而呼吸不到空氣的魚。

「這裡有人有牛奶嗎？」

這問題真是太可笑了。

「我的孩子從昨天就沒東西喝了。」

那孩子才六個月大，他不斷地哭鬧，聲音卻非常短促而微弱。離開水面的魚總是一下就安靜不動了。這裡沒有牛奶，只有廢鐵。大量而無用的廢鐵，承載著這一票無計可施的逃亡隊伍，一路上不斷解體，螺栓、螺帽、螺絲釘和鐵片紛紛掉落，往遺忘的方向前進著。

也有傳言說往南方的一段路上已被敵軍的機關槍占據，好像也有炸彈。我們聽到遠方傳來悶悶的爆炸聲。傳言已不再只是傳言。

但這些人並不驚慌害怕。他們聽到這傳言時，甚至有點為之一振。遠方的危機對他們而言，似乎好過一路上不斷解體的老車和廢鐵。

啊！歷史學家在未來會如何描繪這一切呢？可以想見，他們會編造什麼樣的華麗詞藻來修飾這一團混亂！他們會引用某位內閣部長的話、某位將軍的決定、某個委員會的討論，捕風捉影地堆疊出歷史性的對話，以彰顯這些人的遠大眼光和任重道遠。在他們筆下，還會創作出各種協議的內容、抵抗的動作、求饒的態度，甚至是懦弱的行為。然而，我很清楚一個撤退的政府機關會是什麼樣子，我已經見識過了。這經驗讓我知道，政府機關一旦撤退，就會失去政府應有的功能。和人體一樣，如果你把人體拆解開來，把胃部放這裡，肝臟放那裡，膽囊放另一邊，那人的生命系統也會隨之瓦解。我曾在空軍總部待了二十分鐘，告訴你，在撤退的當下，部長就是個控制傳令兵的存在而已。那控制的方式也非常神奇。他只需要按下一個按鈕，透過一條將部長和屬下連結的電線，屬下就立刻出現。

「備車。」部長說。

而他的權力僅止於此，只能讓他的屬下動一動。其實那屬下並不確定在這世上，是否真有一輛部長用車，因為屬下可沒有任何能和外界連結的電話線，而司機早已消失在世界的某個角落。一向只知道管理人民的執政者，哪裡懂得戰爭？現在這種狀況下，人們根本無法彼此聯絡，就算我們中隊偵察到了敵軍位置，也得花上一個星期準備轟炸事項。這日漸被掏空的國家又傳遞了什麼樣的聲音到政府耳裡？

新聞傳送的速度是一天二到十英里，電話也都斷線了，法國分崩離析的照片根本無法傳送出去。政府陷入了真空的狀態——一種極度的空洞。

他們三不五時會接到一些緊急又絕望的求救訴願，但請求的內容通常只有隨便的幾句話，十分抽象。這些政府官員要如何知道，是否有千萬名法國人已死於飢餓呢？這千萬人的求救可能就只有一句話，這句話僅僅是：

「我們明天四點見。」

或者，

「據說有一千萬人死亡。」

或者，

「布盧瓦陷入一片火海。」

或者，

「他們找到你的司機了。」

就像這樣。千萬個人、一輛汽車、東方的軍隊、西方文明、司機找到了、英國、麵包、現在幾點了，這些隻字片語傳遞出同等重要的訊息，就如同我給你七個字，七個來自聖經上的字，然後請你用這七個字重寫整本聖經一樣。

歷史學家會將事實遺忘，他們會杜撰出思想家，用已知的宇宙原理加上神祕的元素，根據笛卡兒定理來推導出具有遠見和深思熟慮的決定。正義和邪惡的力量將會並存，英雄和叛徒也是；然而背叛也暗示著這人帶有某種責任、某種控制力、某種影響力和某種知識力。在這個時代，背叛的人是天才。我很好奇，既然如此，為何不乾脆表揚這些叛徒呢？

XIV

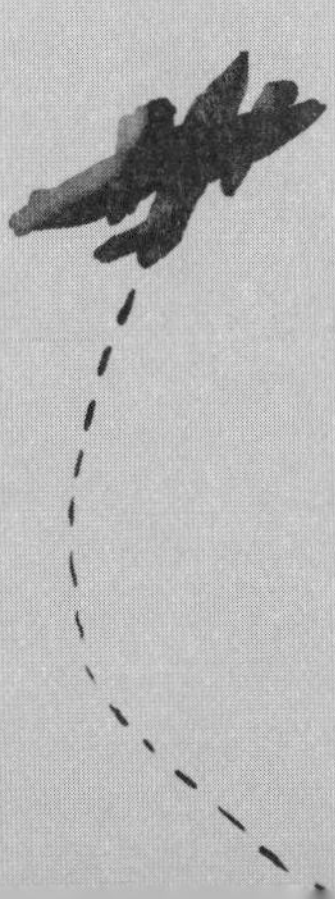

當我往阿拉斯移動時，和平已於各處開始漸露端倪。這並不是定義於因著條約的簽訂而正式宣告戰爭結束、一個新時代隨之而來的紙上和平。這是一種無以名狀的和平，標誌著一切的結束，無止境的結束。這是種衝動，一旦開始便漸漸越陷越深，並且感覺不出最後結果到底將是好還是壞。相反的，人們漸漸開始覺得腐敗不會只是暫時，而是會永遠持續下去。一切都沒有結論，因為國家這龐然大獸已失去了支撐它的力量，就像用你的拳頭抓住一個溺水者的頭髮一樣徒勞無功。一切都已經瓦解，即使悲憤至極地掙扎，到最後也只抓到一束頭髮，而無法將整個人救起。現在的和平並非下決定後產生的甜美果實，而是四處蔓延的痲瘋病。

在我飛機下方，路上大逃亡的隊伍已四分五裂，敵軍正在四處殺人，或者在井邊解渴。我見到公路變成泥漿地，和平與戰爭混在一起，讓戰爭漸漸腐爛。

我的朋友里昂·威茲*在路上聽到一件大事，後來寫進了他的書裡，描述得相當精采。道路的左邊是德軍，右邊是法軍，中間是緩慢移動的難民隊伍。上百名婦女和小孩試著從著火的汽車逃離。一名法國砲兵軍官，儘管深陷於混亂當中，還是在路邊停下來架設一座七十五毫米的大砲。在另一邊，敵軍瞄準了法軍進行射擊，卻未擊中目標，而是打中了路上的難民。這中尉汗流浹背、頑固地想繼續這不可理喻的任務，企圖鎮守這塊撐不了二十分鐘的陣地（而且他們只有十二個人！）。此時只見一群法國婦女衝向中尉大吼：

「走開！走開！你們這些懦夫！」

這中尉和他底下的官兵就此離開，但無論他們走到哪裡，都干擾了和平，而非戰爭。孩子們當然不該在路上被殺，但每一位扣動扳機的士兵都曾傷及自己戰區中的小孩。每輛在人群中移動的法軍卡車都可能致人民於死地。因為卡車對著人群逆向行駛的結果，最後就是把整條路給堵死。

* 里昂・威茲（Léon Werth，1878-1955）：法國作家，安東尼・聖修伯里的好友，《小王子》序言中提到的致贈對象。

「你們瘋了！讓我們過去！孩子們都要死了！」

「我們在打仗啊。」

「打什麼仗？哪裡有在打仗？你們根本就是被困在人群裡，得花上三天才能前進一英里。」

在軍用卡車上有一大群法國士兵試著趕往原訂的目的地，就算那地方早在幾小時前已被敵軍攻下，他們的腦袋死死地記著任務，除此之外別無其他。

「那裡有路，快走！」

「為什麼不讓我們搭便車？你們這些禽獸！」

一個孩子嚎啕大哭。

「還有那孩子……」

那孩子不哭了。孩子只會為了要牛奶而哭泣。

「我們在打仗啊。」

士兵們重複這句話的方式，聽上去絕望又愚蠢。

「但你們永遠沒辦法打仗的！你們只會在路上跟我們一起發牢騷。」

「我們在打仗啊。」

他們根本不知道自己在說些什麼，也根本搞不清楚自己是否還在打仗。他們連敵人都沒見過，只是待在卡車上趕路，往一個飄忽不定的幻象前去。一路上在看似和平的表象下是一整池的爛泥。接著，他們被混亂的場面給困住，只好跳下卡車，一下子，就被人們給團團圍住。

「你有水嗎？」

他們拿出了自己的水。

「有麵包嗎？」

他們拿出了自己的麵包。

「你們不能見死不救啊！」

一位婦女躺在路邊一輛拋錨的車內，奄奄一息，於是他們把她救了出來，抬上卡車。

「那這孩子怎麼辦？」

他們將孩子抱到這垂死的女人身旁。

「這裡還有個臨盆的孕婦！」

孕婦也被安置到卡車上，待在那個還活著的孩子旁邊。

之後他們又騰出了個位置給另一位婦人，只因為她哭得非常傷心。

經過一小時的努力，大家總算清出了一條路，讓卡車掉頭往南方駛去。像漂流木似的，卡車順著人潮的流動前進，載浮載沉。士兵找不到戰場，轉而成為了和平的一部分，只因戰爭的肌理是看不見的，只因瞄準你的槍卻殺死了小孩，只因當你往前線的路上會被即將分娩的婦女給絆住，只因試圖傳遞情報或接受命令就像對火星生物溝通一樣沒有用處。軍隊已不存在了，只剩下血肉之軀。

他們成為了和平的一部分，搖身一變成為技師、醫生、牧羊人、抬著擔架的救護員。他們幫助對機械一竅不通的小老百姓們修理汽車。這些士兵也說不上來，忙得滿頭大汗的自己到底算是英雄還是該上軍事法庭接受審判。如果當場獲得勳章或是在牆邊站成一排等著被槍斃，他們都不會覺

得驚訝。就算是必須退役，也嚇不了他，他和同袍們早已練就了一身見怪不怪的本領。

在這團混亂中，任何命令、動作、片段的訊息或事物連一英里也傳播不出去。當村莊一個接著一個的淪陷，這些軍用卡車也一輛一輛的加入了和平陣線，進而成為和平的一部分。這些已經接受自己必死無疑的士兵啊，在反覆地思考過後，扛起了眼前的責任，全心全意地幫忙修理一台骨董推車。有三位修女往車裡塞了十幾個生命受到威脅的孩子，像趕往朝聖之路似的，將他們送往無人知曉的庇護所、童話中所描繪的天堂。

XV

想想阿里亞斯把槍收回槍袋的心情，我便不會從旁批判這些棄守的士兵。什麼能讓他們重新生氣勃勃地呼吸？能感動他們的潮流從何而來？能團結他們的願景又在哪裡？除了那些每隔一段路就會冒出來的可笑傳言，他們對這世界一無所知。然而，這些謠言傳播了一、兩英里後，便成為了所謂的真相。美國參戰了、教宗自殺了、俄國軍機放火燒了柏林、停戰協議已於三天前簽訂、希特勒登陸英國。

沒有牧羊人帶領女人和小孩，男人也一樣。但將軍仍可以向勤務兵下達命令，內閣官員也有通訊員能幫他傳話，憑著他們的口才，或許還能讓下面的人倍受鼓舞呢。阿里亞斯只要對飛行員說幾句話，就能讓他們犧牲生命，負責指揮軍用卡車的中士也是這樣跟隊上溝通的。除此之外，這世上已經沒有其他方式能和他人相互連結了。假設在我飛往阿拉斯的同時，出現了一位相當清楚法國狀況的天才，這位天才，也是領袖，已經規畫好拯救法國的方針，然而唯一能夠用來實行這計畫的，卻是收發室裡的一條電線，一條能讓鈴聲響起的電線，這支由他指揮的軍隊是由他的通訊員所組成——如果他的通訊員還在自己的崗位上的話。

這成群的流浪官兵和自己的部隊走散了，他們在擁擠的路上遊蕩，成為了沒有任務在身的軍人。但他們不像那些戰敗的愛國者一樣充滿絕望，假如他們在困惑的心中期盼著和平，對他們而言，這是代表無法描述的混亂總算結束了，而他們也能恢復自己過去的身分，就算是最卑微的身分也好。在他們之中的修鞋匠可能會夢到自己正拿著釘子敲打製鞋的景象，敲打釘子對他而言，就是在鑄造整個世界。如果他們讓自己隨勢而退，不是因為怕死，而是因為這場動亂讓人與人之間的關係斷裂。他們什麼也不怕，因為他們的心早已麻木了。

戰敗者不會在一夜之間搖身變為勝利者，這是不變的真理。如果有軍隊說他們為了繼續戰鬥而先假裝撤退，那只是藉口罷了。撤退的與繼續戰鬥的從來不會是同一支隊伍，撤退的軍隊根本不能稱之為軍隊了。我的意思不是說撤退的人不配擁有勝利，我只是單純認為一旦撤退，原本團結的士氣、完整的裝備，全都會四分五裂。曾幾何時，紀律森嚴的軍隊裡，人人做鳥獸散，紛紛往大後方逃竄。這時，後備軍團因為還能正常運作，仍是一個完整的組織，便會接手頂替。是後備軍團——不是原本的這支軍隊——承擔了抵擋敵軍的任務，而逃兵們則會被再度吸收、訓練。但法國目前的狀況是沒有後備軍團能夠支援，一旦撤退，就失去了力挽狂瀾的可能。

唯有勝利才能讓人團結一致，失敗不僅會讓人們彼此分裂，也會讓人的內心崩潰。那些麻木的逃兵並不會只因吃了敗仗，就對法國的毀滅而傷心難過——法國不是在他們的眼前失敗，而是在他們心裡失敗了。能為法國哭泣，那心態上就已經是勝利者了。

實際上，幾乎所有的人——那些仍在戰鬥或放棄戰鬥的——在騷動遠離、寂靜來臨的時刻，才會看見全貌，法國戰敗的全部面貌。如今深陷在挫敗之中，每個人也只能專注於那些庸庸碌碌的細節：損毀的卡車、壅塞的路面、卡住的方向舵，或一個荒謬的偵察任務。荒謬的偵察任務本身就是崩壞的象徵，而企圖阻止崩壞的行動本身也很荒謬。團結已不存在，所有事物都已各自獨立、分離。

在撤退的時候，沒有人會為了大環境的災難而流淚，各人的哀戚只為了自己。如果阿里亞斯要哭，就是因為那不懂變通的倉庫人員，在沒有正式表格的情況下就拒絕運送零件。但過了明天，這些零件就會淪落在敵人手中了呀。崩毀中的法國成為了一條由零件組成的河流，沒有一塊零件是有臉孔的——飛機沒有、卡車沒有、公路沒有，而這卡死不動的方向舵，也沒有。

當然了，潰敗的景象讓人傷心。底層的人露宿街頭，強盜們開始掠奪。機關行號瓦解了，軍心渙散了，軍隊也分裂了。這些都是隨著打敗仗而來的效應，就像瀕死前的人，呼吸會突然急促，喉嚨會發出聲音一樣。但如果是你心愛的女子被一輛卡車輾過，你還會嫌棄她醜嗎？

戰敗的不公平之處，在於它將最無辜的受害者塑造成無情的幫兇，讓人難以看清敗仗背後的種種，例如犧牲、盡忠職守、自律和警惕——這些事物在神聖的戰爭之下都不重要。就算愛真的存在，在戰敗的狀況下也看不出來。在戰敗中能看見的，只有失去權力的將領、散漫的士兵和消極的人群。之所以會戰敗，一定有逃兵和懦夫的分，但這又能說明什麼呢？說明了光是俄國改變態度或是美國軍隊增援的消息就足以改變人心，足以讓人們因擁有了共同希望而再度團結。這類在法國境內流傳的謠言就像一陣海風，吹得人們精神一振。如果真要評斷法國，請別用戰爭的結果來評斷她吧，也請想想她願意犧牲自己的這一點吧。

在接受這場戰爭的挑戰時，法國一度遭受了因失敗而毀容的風險。法國能拒絕這挑戰，也就是說，拒絕毀容的風險嗎？有個法國人這樣說：「我們不可能在一年內憑空創造出四千萬個法國人來對抗德國的八千萬人口。我們不可能在一夜之間將全國的農夫變成像德國人一樣的工人，也不能將農田變成煤礦廠。我們也不能指望美國的援助。德軍要拿下但澤，然而我們被指派的任務並不是為了拯救但澤，那是不可能的，而是為了保有名譽而自殺。為什麼？一個國家擁有生產麥子多於生產機器的土地，這有什麼可恥的？人口只有四千萬，是他國八千萬的一半，這有什麼可恥的？為什麼我們要單獨承受恥辱，而非全世界一起承擔？」

他們說得對。對法國而言，戰爭，就意味著災難。但法國有必要為了挽救自己免於失敗就拒絕戰爭嗎？我不這麼認為。而這些警告既然都無法讓法國免於戰亂，表示法國原本一定也這樣想。在我們國家，聰明不足為道，精神戰勝了一切。

生活總是在打破各種公式。戰敗儘管醜陋，卻是條通往復興的道路。就像是為了種樹，必須先讓種子腐爛。如果太晚才進行抵抗，那失敗就是注定的，但無論如何這還是個開始，從種子長成大樹的開始。

法國已履行了她的職責，也就是讓自己先行毀滅，並眼睜睜地看著自己埋葬於寂靜之中好一段時間——而世界只是仲裁者，既不合作也不戰鬥。就好像堡壘被暴風侵襲時，總要有人上前線打頭陣，這些人必死無疑，但為了不讓堡壘淪陷，這些死亡是不可避免的。

既然法國不抱幻想地接受了戰爭，那麼這就是落在我們肩頭的責任。

我們讓農民去對抗對方的工人，以一擋三，又有誰有資格冷眼旁觀，批評法國戰敗的醜陋？

一個失火墜毀的飛行員，顯然都體無完膚了，還要因任務失敗而被批評嗎？

XVI

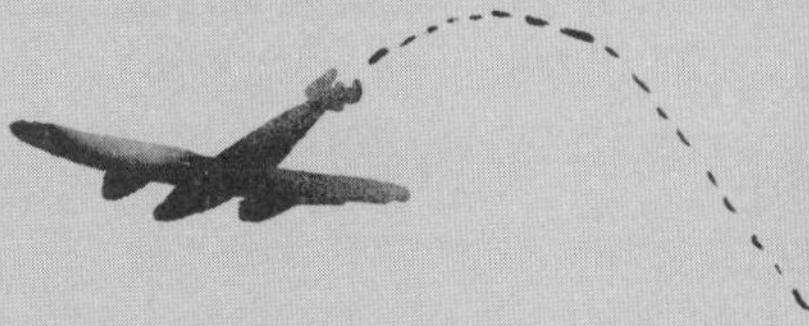

對我們而言，儘管這戰爭在精神上有著不可或缺的意義，卻無法改變它可笑的本質。可笑的戰爭！我不會因為說出這句話而感到羞恥。從宣戰的那一刻起，我們就處在毫無抵抗之力的處境，等著敵人把我們消滅。而敵人也確實這麼做了。

我們堆起了麥稈來抵擋坦克，卻徒勞無功。在我飛往阿拉斯的這天，敵人已經把我們消滅了。軍隊確實被擊垮了，再也沒有軍隊，沒有通訊，沒有物資，沒有儲糧。

即便如此，我仍假裝自己還在打仗，嚴肅地執行任務，用五百英里的時速往德軍方向飛去。我的目的是什麼？很簡單，就為了嚇唬德軍，逼他們撤離法國國土。這是偵察任務唯一的目的了，畢竟我們蒐集的情報毫無用處。

可笑的戰爭！

老實說，我剛剛也在吹牛。飛機高度大幅下降，儀表板和方向舵開始解凍，我將時速減慢到三百三十英里，恐嚇德軍的力道因而減輕不少，真

可惜。

話說回來，說這場戰爭很可笑的，也是我們自己。為什麼不行呢？我認為我們愛怎麼說就怎麼說，因為犧牲的人是我們，而不是其他在道德上對我們指指點點的人。只要我高興，我當然有權利嘲笑自己的死亡，杜特也是。為什麼這些村莊都陷入了火海？為什麼人們在一片混亂中湧向了逃難的道路？為什麼我們要抱著必死的決心衝向屠宰場？對於這些問題，我愛怎麼解釋就怎麼解釋。

我有權利說我的笑話，而且我也非常清楚自己在做什麼。我所接受的是死亡，而非危險；我所接受的不是戰鬥，而是死亡。我學到了一件真理，打仗的重點不在於接受危險，也不在於接受戰鬥，而是在於適時地、全然而純粹地接受死亡的來臨。當外國的輿論議論紛紛：「為什麼沒有讓更多法國軍人犧牲呢？」我看著那些依然選擇前往送死的弟兄們，心裡想著：「我們究竟是為誰犧牲？是誰讓我們心甘情願這樣做？」

我們正在凋零。十五萬個法國人在一夜之間死去，而死亡人數並不代表我們的抵抗是有用的。我也並非在讚揚我們的抵抗已卓越有成，因為這抵抗是不可能的任務，有步兵在無法防守的農場裡遭到屠殺，空軍組員在火焰裡像蠟燭一樣的融化。

再一次看看2－33中隊，有誰能告訴我，當我飛向阿拉斯的時候，為什麼我們2－33中隊仍然願意赴死呢？為了這世界的尊嚴嗎？但只有評論家才需要尊嚴，而我知道我們當中誰也不允許別人只坐著出一張嘴。我們被寄予厚望，為了世間共同的事業而奮戰，這事業是波蘭的、荷蘭的、比利時的，也是挪威的——如果有人這麼想，那仲裁者的角色未免也太輕鬆了，而且我們才該是有資格評斷仲裁者的人。歡迎你來和我們這些說完「遵命，長官」之後便必須起飛的人，試著解釋即使是最簡單的任務，生還率也只有三分之一。砲彈削去了隊上某位弟兄的半邊臉，此生再也無法討到女人的歡心，他正因喪失了身而為人的基本權利而難過，內心的美德和外在的殘缺困住了他，像是監獄高牆後的罪犯一般難受，他因自己的醜陋而與世隔絕，歡迎你來告訴他，其他人正在對他品頭論足呢！鬥牛士為了觀眾而活，但我們不是鬥牛士。如果你對我的朋友赫斯德說道：「上台吧，觀眾在看呢。」他必定會回答：「錯了，是我赫斯德在看著這些觀眾啊。」

我們究竟是為了什麼而繼續奮戰？為了民主嗎？如果我們為了民主而亡，那我們就是民主的一分子。如果是這樣的話，那就讓其他國家和我們一起戰鬥吧！然而這之中最強大的國家，也是唯一能拯救我們的民主國家，卻選擇袖手旁觀，很好，他有權這麼做。但如此一來，要民主，就意味著我們必須得孤軍奮戰，就算已經確定會打敗仗，仍得繼續。為什麼我們要繼續去送死？是出於絕望嗎？但絕望並不存在。如果你以為在戰敗中還有絕望的餘地，那你便不懂何謂戰敗。

有一種真理比智慧的言語還要崇高。這之中有種看透並控制我們的東西，是智慧的腦袋所不能理解的。樹不會說話，而我們就是那棵樹。有些真理顯而易見，卻無法用言語表達。我不是為了阻擋敵人的入侵而死，也不是為了捍衛我的榮譽而死，因為我不認為我的榮譽岌岌可危，我向批評我的人挑戰。我也並非出於絕望而死。

然而，杜特看了看他的地圖，指出了阿拉斯的位置後，我便有預感，他準備開口對我說：

「航向一百七十五度，上尉。」

而我必須照辦。

XVII

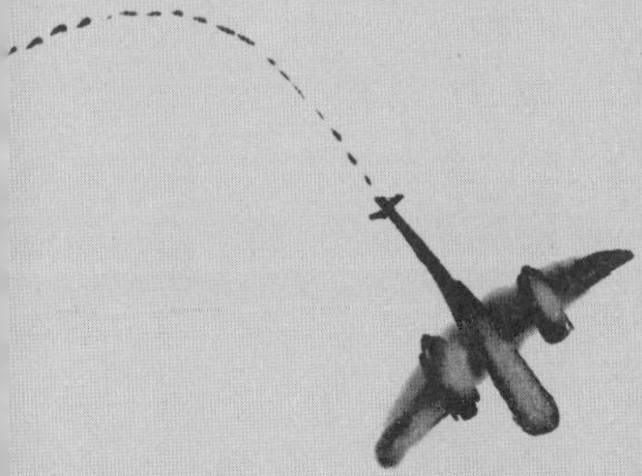

「航向一百七十二度。」

「好的，一百七十二度。」

就是一百七十二了，這就是我的墓誌銘：「他將航道維持在一百七十二度，分毫不差。」這瘋狂的挑戰還要持續多久？我現在的飛行高度是兩千三百英尺，在一片厚重的雲層下方，如果我往上飛一點點，杜特就看不到了。因此我們只得待在亮處，行蹤暴露，做德軍的靶子。兩千英尺是禁飛的高度，因為飛機會成為整個平原上最明顯的目標，所有的大砲都會衝著你來，而你正好在他們的射程之內。各種武器接踵而至的攻擊將不會停歇，你感覺不是被槍砲射下來的，而是被棍棒痛打，像是用一千根亂棒打下一顆胡桃那樣。

我有稍微思考過這個問題：絕對不能跳傘。受損的飛機往地面墜落時，落下的速度會比打開緊急逃生門還快——要打開逃生艙門，得先轉七下艙門上的固定把手。再說了，在全速飛行時，逃生艙門會變形，開門變得更加困難。就這樣，我早就知道，總有一天要吞下這苦藥！不過我現在要遵守的規則並不複雜：保持航向在一百七十二度。真可惜，我不該長大的，做個孩子多開心啊！但這只是說說而已，我當時真的幸福嗎？我在老宅邸的前廳裡，早已用羅盤保持航向在一百七十二度，都是因為我的兩個叔叔。

如今童年顯得格外甜蜜。不僅童年，所有的往日時光都變得甜美了。我的目光飄向遠方，彷彿望著一片田野。

和過去相比，我感到自己並沒有改變。我此刻的感覺一直都存在。我懷疑，同一件事物有時會因自己的歡樂或悲傷而呈現不同樣貌，但感覺都是一樣的。我曾經幸福，也曾經不幸；懲罰有時，諒解有時；有時工作順利，有時不順。這些全看是哪些日子。

我最早的記憶是什麼？我有個家庭教師，她是奧地利提洛爾人，名叫寶拉。但這幾乎算不上回憶了，應該算回憶中的回憶。當五歲的我被迫坐在那昏暗的前廳裡時，寶拉就已成為傳說中的人物。每次過年，我媽媽都會說：「有一封寶拉寫來的信呢。」然後所有的孩子都會很開心。但為什麼開心？我們明明就沒有人記得寶拉。她很早以前就回提洛爾了，回到她的房子裡。我們猜想著，那房子應該看起來像是提洛爾小木屋造型的晴雨表，被埋在深雪之中吧！而在晴天的日子裡，寶拉會走出屋外，倚在門邊，像個晴雨表上的娃娃。

「寶拉漂亮嗎？」

「漂亮。」

「提洛爾是晴天嗎？」

「總是晴天。」

提洛爾一直以來都是大晴天，而提洛爾的晴雨表推著寶拉離開門邊，走進了覆蓋著白雪的門前草地。等我長大了些，會寫字了，我會寫信給寶拉，信的開頭通常是這樣的：「親愛的寶拉，很開心寫信給你。」我其實不認識寶拉，所以這些信到最後都有點像是許願文，像是我在和看不見的神明說話。

「一百七十四。」

「好的！一百七十四度。」

墓誌銘得改一下了，改成一百七十四。

奇怪了，生命的片段就這樣湧上心頭。我將回憶打包裝箱，決定不再回顧過往，也不再想起過去的人們。我記得滿溢的愛。我媽媽曾對我們說：「寶拉送來好多親吻，給你們每個人。」然後，她會代替寶拉一一親吻我們。

「寶拉知道我有長大一點了嗎？」

「當然囉。」

寶拉無所不知。

「上尉，他們開火了。」

寶拉，他們對我們開槍了！我看了一眼高度計：兩千一百五十英尺。雲層在兩千三百英尺處。很好，沒有救了。我以為在雲層籠罩下的世界會變暗，但並沒有，讓我很驚訝。天空是一片藍，驚人的藍色。黃昏到來，整個平原上的天空都是藍的。雨滴在我身旁落下，藍色的雨。

「一百六十八。」

「是，一百六十八度。」

就決定是一百六十八了。通往永恆的道路彎彎繞繞，真是奇怪，景色也是一片祥和。上一秒整片大地還貧瘠如蠻荒之地，現在看上去卻像個果園。我投入了感情在這大地上翱翔。我看見了樹木，有的單獨挺立，有的群聚成樹林。還有那綠色的田野，以及有著紅色屋頂的房屋和屋外的人們，可愛的藍雨落在他們身上。如果寶拉在場，一定會在這時將我們趕回屋內。

「一百七十五。」

這下我的墓誌銘要變得又臭又長：「他保持航向在一百七十二度、一百七十四度、一百六十八度、一百七十五度……。」感覺我真是個捉摸不定的男子啊！那是什麼聲音？引擎在咳嗽？它又開始結凍了。我關上引擎整流罩的風門，很好！是時候改用備用油箱了。我拉了手把。我有忘了什麼嗎?我看了一眼油壓表，一切正常。

「事情有點不妙，上尉。」

有聽到嗎，寶拉?事情有點不妙了。然而我仍沉醉於那暮色中的一抹藍，藍得實在太美了，那顏色如此深邃。還有那些果樹，或許是李子樹，從我下方掠過。現在我已不再隔窗張望，而是已經融入於這片鄉村景色中。我是翻牆而入的盜賊，穿越過潮濕的牧草地，跑來偷吃李子。這戰爭太可笑了，寶拉。這戰爭令人憂傷，卻又藍得風光明媚。不知何故，我迷失了方向，在生命即將終止之時，流浪到這陌生的土地上……噢，不，我並不害怕，只是有點憂愁，如此而已。

「迂迴前進，上尉!」

新的挑戰來了，寶拉。我踢了踢方向舵的操縱桿，左右閃躲防空高射炮的攻擊。當我掉下去時，一定會摔得鼻青臉腫，而妳一定會用含草藥的紗布為我包紮，到時我可能會需要大量的草藥。畢竟，妳知道的，夜色實在藍得好美!

我突然看到前方有三發分散的子彈，直直朝我的飛機撲來，像三支垂直閃亮的長桿，那應是照明彈或小口徑槍砲的飛行軌跡，閃著金色的光芒，在藍色的夜空中，就像三叉燭台上發出的火光。

「上尉！左側遭遇強大火力，緊急閃避！」

我踢了踢方向舵。

「情況變糟了！」

變糟了？

情勢每況愈下，但我卻身處其中。我所有的回憶、需求和愛都在源源不絕地湧向我。我的童年也在股掌之間，即使它曾如樹根般隱沒在幽暗的夜色之中。我的人生從一段憂鬱的回憶開始。是的，情況每況愈下，可是當流星般的砲彈向我伸出魔爪，那些想像中會有的感覺，我卻一點都沒有感受到。

如今我身在一片讓我深受感動的鄉野土地上。白日漸漸消逝，我看到左方的陣雨中有一大片亮光，像是大教堂裡的彩繪玻璃窗。地球上所有美好的事物彷彿近在咫尺，伸手可得。有果實纍纍的李子樹，也有滿溢泥土芬芳的土地。如果能踏上潮濕鬆軟的土地，會是多麼美好呢！妳知道嗎，寶拉？我正緩慢地往前進，像載滿稻草的馬車一樣左右搖擺。妳以為飛機總是移動得快，如果妳光只想像，那麼的確是的，但如果妳忘了飛機引擎與機械等的存在，只顧著往窗外看，就會發現自己不過是在田野間散步罷了。

「阿拉斯！」

是的，阿拉斯仍在遠方，但阿拉斯並不是一座城鎮，而是深藍夜幕上的一團毛絨絨的紅色煙塵，襯托著暴風雨的背景。在左前方，顯然有一場惡劣的風暴即將來襲。這閃爍著幽微光線的天色不像黃昏，而是滿天的烏雲讓透過的火光黯淡下來。

阿拉斯的火勢越燒越旺，但不像是大火的火舌，因為蔓延的火舌像是潰瘍，而包圍在傷口四周的皮膚還是完整的；但阿拉斯的紅色煙塵卻像是微微冒煙的煤油燈火，在煤油的助長下，火焰持續地熊熊燃燒著，絕非一支在風中搖曳閃爍的燭火。我能感覺到這團火焰化身成為一個堅實的物體，當風陣陣吹來，它便像樹一樣彎曲，像樹一樣搖曳。對了，就是樹。阿拉斯就被困在纏繞的樹根之間，而阿拉斯所有的精髓、物質與寶藏都化為樹的汁液，滋養著這棵樹。

我見到上方的烈火不堪負荷而失去平衡，或左或右地搖擺晃動，吐出一團團黑色煙霧，然後再恢復原狀。我仍然無法辨認阿拉斯的樣子。

這火光就是整場戰爭的縮影。杜特說，火勢越來越嚴重了。他坐在前方，看得比我清楚。險惡的地平面上不斷竄出火舌，面對這狂妄的景象讓我震驚不已。

是啊，但……

妳記得的啊，寶拉。我們小時候念的童話故事裡，總有一名騎士要歷經窮山惡水，才能抵達那座魔法城堡。他穿越冰河，跨過深淵，打敗壞蛋，最後抵達一片比翠綠草地還要柔和的藍色大地，他乘著馬匹奔馳其上，而城堡則矗立於他的眼前。他以為自己已經勝利了！啊，寶拉，古老童話的讀者沒有那麼容易被騙的！最嚴酷的考驗還在前頭呢！食人魔獸、毒龍、還有城堡的守衛們。

就像那騎士，我在暗藍的夜色中奔向那座熊熊燃燒的城堡。對我來說，這不是第一次。妳在我們開始玩遊戲之前就離開，妳錯過了叫做「阿肯林騎士」的遊戲，其他小孩玩的遊戲我們看不上眼，所以就自己發明這遊戲。這遊戲要在戶外玩，當暴風雨來臨，第一道閃電落下之時，我們要從泥土散發出的氣味，還有顫動的樹葉，來預知大雨何時從雲端傾盆而下。在某個時刻，樹木茂密的枝葉會發出輕輕的摩擦聲。這就是信號，沒有人能阻止我們。

我們會用全力衝刺，從公園最遠的角落開始，飛奔過草地，再跑回家裡。最早滴落的雨總是零星而沉重，第一個被雨打到的孩子就輸了，接著是第二個、第三個，然後就是全部了，最後被雨滴到的人就是受到老天庇佑的幸運兒，刀槍不入。在下一次暴風雨來臨前，他都可以自稱為阿肯林騎士。每次玩這遊戲，不出幾秒鐘，結果都是一堆孩子慘遭屠殺。

我一面飛，一面祈禱自己能成為阿肯林騎士，我緩慢而氣喘吁吁地朝著我的火焰城堡飛奔而去。

「上尉！上尉！這景象我從沒看過！」

我也沒有。

我那刀槍不入的身體哪裡去了？啊，連我自己都不知道，原來我還有著盼望……

XVIII

在無法維持高度之際，我仍滿懷盼望；在面對坦克大軍、阿拉斯的烈焰時，我仍滿懷盼望；在絕望之際，我盼望著。我逃進幼年時的回憶裡，尋求最完整的呵護，因為沒有人會保護大人。一旦長大成人，凡事就要靠自己了。但面對一個小男孩，被萬能的寶拉緊緊牽著，有誰能傷害他呢？寶拉，我用妳的影子作為我的盾牌。

我已經黔驢技窮了。當杜特對我說：「情況越來越糟了。」我甚至將這句話當作威脅而已，覺得還有希望。我們本來正在打仗，必要的仗，但接著戰爭的影子卻消失了，只剩下一點零星的燈火證明著戰爭的存在。

「你所謂前往阿拉斯的致命危險，就是這樣而已？笑掉我的大牙！」

這狀況就像個死刑犯，以為劊子手看上去會是個蒼白無力的機器人，然而迎面而來的卻是個再普通不過的傢伙，會打噴嚏，甚至也會微笑。這死刑犯眼巴巴地寄望著那抹微笑，把它當作緩刑的承諾，但這承諾只是他自己虛幻的想像。劊子手打了個噴嚏——死刑犯的頭便應聲落下。但誰能放棄希望呢？

我自己又如何能不被那抹微笑欺騙呢？因我見到的世界是那樣的舒適而繁盛，那濕漉漉的石板及磚瓦閃爍的光芒是如此柔和，而時間一點一滴地流逝，什麼也沒有改變，也不需要改變。因為我們三人，杜特、射擊士和我，都不過是田野間漫步的人，慢慢地往家的方向走去，也不必將衣領拉起，因為雨已幾乎停了。既然在這德軍的中心地帶不存在什麼值得一提之物，那麼更遠處的戰場想必也是一樣的。敵軍散落在廣大而荒涼的田野之間，或許是一間房子一個士兵、一棵樹一個士兵這樣的密度，這些士兵時不時想起自己正在打仗，便開了幾槍。上級的命令在他們耳邊響起：「對著所有敵方飛機開槍。」但他正做著白日夢呢，因此他隨意地亂射了三槍，把命令拋在腦後。我以前在傍晚時就是這樣打野鴨的，為的是享受黃昏時分，至於有沒有打到野鴨，我一點也不在意。我有時還會邊聊天邊開槍，鴨子則完全不受驚擾。

自欺欺人總是容易的。敵軍設了目標卻不知其目的，便失了準頭，沒打中我，其他人也陸續讓我們飛過。那些人現在可能正愉快呼吸著夜晚的空氣，或者點燃香菸，或者正在說著一個有趣的故事吧，於是就這樣放過我們了。另外還有些人，或許正在他們所駐紮的村落中吃飯，才把湯放入鋼杯裡呢，就聽見轟隆巨響劃過空中，是朋友還是敵人？沒時間去了解啦。他們盯著裝湯的杯子，就這樣讓我們飛過。而我呢，就像個闖入私人花園的外來者，故作輕鬆地吹著口哨，雙手插在口袋裡，而園裡的警衛卻想著要讓別人來管，於是我便這樣通過了。

我是多麼的脆弱啊！但又覺得自己的脆弱是個陷阱，是哄騙敵軍的一種方式：「幹嘛開槍？你的同伴之後也會把我射下來啊。」然後他們會聳肩：「你自己找個地方去死一死吧。」就因為他們急著要盛起那一碗湯、要說完那有趣的故事，或單純想要享受夜晚的微風——便把該做的事丟給下一組砲兵。我利用了他們的疏忽，也恰巧因他們當下對戰爭已經厭倦而得救。為什麼不呢？我早有個模糊的想法，覺得自己有辦法躲過一個個士兵、一組組分隊、飛越一座座村莊，最後撐過這個偵察任務。畢竟我們不過是劃過夜空的一架飛機罷了，不會有人想抬頭多看一眼的。

當然我是希望回去的，但同時又感到周圍有些什麼事要發生。想像你被判刑了，懲罰擺在眼前，但關住你的監獄卻安安靜靜，一點聲音也沒有。你依賴著這份寂靜，時間一分一秒過去，什麼也沒有改變，看不出下一秒會有改變這世界的跡象。這樣的任務對一秒鐘來說太過沉重了，過去的每一秒都讓沉默持續，似乎已成為永恆。

然而就在這時候，那該來的腳步聲從走廊上傳了過來。

存在於鄉間的某種東西突然地爆裂開來，就像已燃燒殆盡的木材突然起火，迸出了一串火花。這整片田野是怎麼同時開始改變的？當春天來臨，是所有的樹木一起撒下種子的時候。為什麼在突然間，春天裡隨處可見的卻是武器？為什麼戰爭的洪流就這樣湧向我們，轉眼之間便淹沒了世界？

我在第一時間的反應是怪自己粗心大意，是我毀了一切。在危急存亡之際，一個眨眼、一道手勢都足以讓人失敗。登山者一咳嗽，便可能導致雪崩。一旦真的雪崩了，一切也就完蛋了。

我們的步伐沉重，搖搖晃晃地穿越夜色中的深藍沼澤，打破了泥沼中的寧靜。而現在，沼澤對我們釋放出成千上萬的金色泡泡。一群雜耍演員開始跳舞，向我們的方向投擲出成千上萬的砲彈。一開始這些砲彈直直對我們飛來，看起來像是靜止的，像是雜耍演員手上的彩球，並非垂直向上而是用拋接的方式往上繞圈。雜耍演員在表演時，現場總是安靜無聲。在這樣的一片寂靜之間，我能看見砲彈如閃著光芒的淚水向我飛來。

隨著機關槍、加農砲一連串快速的射擊，數百發閃著磷光的子彈一個接著一個射出，像成串的念珠。上千顆念珠連成一氣從平原的方向朝上拉到極限，然後在我們的周圍爆裂。當我們閃過攻擊，並從側面看那串念珠的軌跡線條時，會發現那速度快得令人暈眩。這些子彈化身成了閃電，而我淹沒在金黃色的彈道之間，如同身處麥田，也彷彿我的正下方有一堆長矛不斷向我突刺著。我一邊飛，一邊被大量且快得看不清的縫衣針頭威脅著。整片平原現在都針對著我，在我周圍織起了一張綿密的金絲網。

我往下望著大地，看見了砲彈如發光的泡泡，從緩緩飄動的薄霧中升起。我凝視著那些子彈慢慢打轉，像是在打穀時旋轉脫落的麥殼。當我抬起頭，便看見一支支的長矛從地平面竄起。是機關槍嗎？不是的！我被一種冰冷的鋼鐵武器攻擊了，那是武器的光芒。不，我並不覺得危險，只覺得一陣華麗的萬丈光芒讓我頭暈目眩。

那究竟是什麼！

我從座位上彈起，高度足足有一英尺，感覺飛機像是被公羊重重地撞了一下。我以為飛機要爆炸了，要摔成碎片了……但並沒有，沒有……飛機還在我的操控之中。這不過是第一波攻擊而已。然而我沒看到下方爆炸，那重砲的射擊所產生的煙霧已和黑暗的大地融為一體了。

我抬頭向前看，映入眼前的是一片狼藉。

XIX

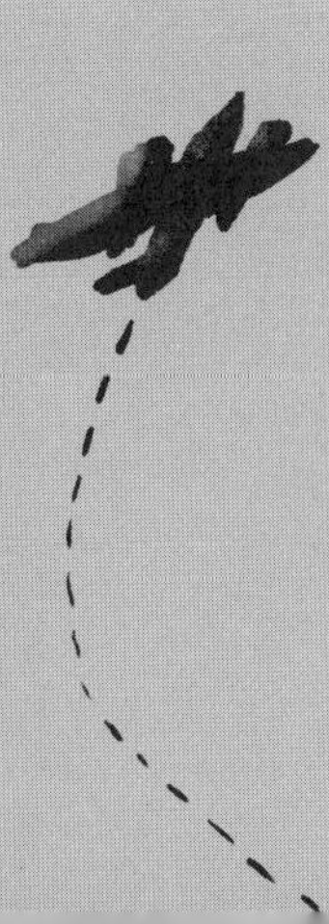

彷彿自己正觀看著一場煙火嘉年華，天頂漸漸升高，而我卻未能察覺雲層和我之間的距離越拉越大。在地面砲火攻擊下，我左閃右躲，以Z字型的航線前行。他們的曳光彈劃過空中，放出小麥色的金黃光芒，我則忘記當這些子彈射到頂點時，彈殼將會爆破。而現在我抬著頭，看見這些飛向空中的煙霧和鋼鐵，如鉚釘一般在我四周和前方相互交叉如同金字塔的形狀飛射而過。

我很清楚這些鉚釘狀的東西並不構成多大危險，它們能致人於死地的時機僅僅不到一秒鐘。但突然之間，它們的樣子讓我忍不住覺得性命受到威脅。我知道它們為何衝著我來，我的頸背突然間感受到了強大反對的重量。

這些砲彈爆炸的聲音被我轟隆作響的引擎聲蓋住，讓我有種無比寂靜的錯覺。大量的煙霧和鋼鐵碎片就這樣無聲地在我身後炸開來，像是在海上漂流的冰山。我想在敵軍的眼裡，我看起來是一動也不動的吧。

我在被告席上面對著龐大的審判庭，一動也不動，法官們在討論我的命運，而我無從抗辯。再一次，揮之不去的擔憂緊抓住我。我想著——我還能思考——「他們打得太高了。」我緊接著往頭頂上看，一陣黑色火花如老鷹般滑翔而過，不情願地搖搖擺擺離開。這些老鷹棄我而去了，我不是他們的獵物。但就算如此，我還有其他希望可言嗎？

砲兵連一直沒辦法將我打下，因此不斷調整他們瞄準的角度。我一邊飛，身旁一次又一次出現新的煙幕和炸彈碎片。地面的砲火不但沒有讓我現形，反而讓我得以隱身。

「杜特！這狀況還要持續多久？」

「上尉，再撐三分鐘，狀況蠻糟的就是了。」

「我們挺得過嗎？」

「死不了的。」

煙霧裡的沙塵從沒這麼多過，我們像是在成堆的髒地毯間飛行。大地則是藍的，驚人的藍，如深海一般的藍。

在藍色的平原和骯髒的天空之間，我們的生命還值多少時間？或許十秒或二十秒吧。砲彈爆炸所產生的震波讓整個天空顫動，當彈殼在飛機旁邊爆裂，爆炸的轟然巨響就像土石流一般滾滾而來，當那巨響停止時，飛機發出一陣音樂般的聲音，微弱的幾乎像是嘆息，聽到那聲音，就代表逃過一劫了。爆炸聲就像閃電，越靠近就越清晰。如果聽到的是低沉聲響，表示爆炸還在遠處。如果聽到的是清楚的一聲「碰！」就表示我們被炸彈的碎片打個正著。老虎在獵殺公牛時是乾淨俐落的，沒有無謂的撕扯，牠會精準地將爪子直直插入公牛體內，然後將公牛完全征服。這些從正面痛擊我們的彈片就像是伸入動物體內的爪子，在我們的機身上留下一個又一個的彈孔。

「有人受傷嗎？」

「我沒有！」

「射擊士，你還好吧？」

「長官，我還好！」

雖然爆炸並沒有真的造成傷害，我仍覺得值得一提：這些彈片打在機身上猶如擊鼓，刺穿了我的油箱；它們也很有可能打在我們的肚子上，輕易地將它刺穿。肚子難道是一種鼓嗎？但又有誰在意自己的身體呢？幾乎沒有人，身體根本不算什麼。

在日常生活中，如果我們能多注意一些顯而易見的事物，那麼便能從中學到一些與我們身體有關的事，這些事正透過一束束正在升起的曳光彈、一支支正在攻擊我們的長矛，以及為了審判我們而設立的法庭——來教我們。

當我過去在為偵察任務著裝準備時，總想著人活著的最後一刻會是怎樣的？而生活則每每打破我的幻想。現在我赤手空拳地在這裡，任憑槍砲瘋狂攻擊，想抵擋卻連把頭埋進手臂都辦不到。我一向相信，當考驗來臨時，將是針對身體的考驗。換句話說，我以為會被折磨的，只有身體而已。既然如此，那從身體的角度出發來做思考，也是理所當然的了。和其他人一樣，我花了大量的時間照顧身體。我替它穿衣、洗漱、餵食和補充水分，像對待家中寵物一樣。我帶著它找裁縫師、理髮師，也帶著它去看醫生，和它同甘共苦，一起經歷愛情。我對它說：「這就是我。」但突然間，我的幻想破滅了。對我而言，我的身體是什麼？不過是聽命行事的奴僕。就讓我的怒火燃燒，我的愛意滿溢，我的仇恨積累吧，我和身體之間那被誇大的緊密連結將就此消失無蹤。

如果你的兒子受困一棟著火的房屋裡，想必沒人拉得住你。衝進去可能會引火上身，但誰會想這麼多？你會發現自己曾精心安排的一切不過是過眼雲煙，已準備將身上的毛毯送給任何人。如果有必要，你也會賣掉自己的雙手來拯救朋友。能證明你的存在的是行為而非身體。你的行為代表了你，獨一無二的你；而身體則是附屬於你的一部分，身體不等於你。想向敵軍進攻嗎？光是肢體傷害的威脅是嚇不倒你的。你在哪裡？當敵人死去時，你便存在。你在哪裡？當孩子獲救時，你便存在。在這種時候，你拿自己來交換其他東西，絲毫不覺得有所損失。你損失了什麼？損失了工具，在你手裡折斷的工具。但那工具又有什麼重要呢？你拿自己的性命換取敵人的死亡，拯救了自己的孩子，讓病患康復，完美地達成自己的理想原則。我隊上有個飛行員重傷瀕臨死亡，而上級交代的記載裡是這樣寫的：「他呼叫觀察員：『他們擊中我了！你走吧！看在老天的分上，千萬別弄丟這些紀錄！』」重要的是紀錄、是孩子、是病患，還有原則。你真正的重要性此時再明顯不過，你是責任、憎恨、愛情、孩子和原則的代名詞，除此以外別無其他意義。

燃燒的房子和墜機時竄出的火焰，吞噬了血肉，也奪走了人對肉體的執著。人不再想著自己，並頓悟出他自身的起源。如果他將死去，他將想辦法與自己的族群融為一體，而非分離。他將不會失去自己，相反地，他將找到自己。我確信，這並非是出自道德主義者的癡心妄想，而是日常的現實、普遍的真理，埋藏在每日幻覺的表象中。當我的身體沉浸在對命運的煩惱中，便難以察覺自己煩惱的事情是多麼荒謬。但就在放棄了身體的那一刻，將會驚訝地發現——人總是會驚訝於自己的發現——自己的身體是多麼不重要。在平常的生活中，當沒有要緊事項催趕著我，當我存在的意義並未受到威脅時，我自然認為沒有什麼比自己的身體還要重要。然而在這架飛機上，我對自己的身體說（我真的這樣說）：「我根本不在乎你會變成什麼樣，我已將自己抽離，你是活不了了，而我毫無損失。我否決了自己從過去到現在所有的一切。因為過去我認為的我不是我，我所感覺到的也不是我，而是你——我的身體。無論如何，我帶著你走過人生，直到現在這一步，我才發現你一點也不重要。」

也許我早該在十五歲時便學到這教訓，那時我有個弟弟正在垂死邊緣。有一天早上，接近四點鐘時，護士把我叫醒，說我弟弟正在找我。

「他痛著嗎？」我問。

護士沒有回答。我趕緊披上衣服。

當我進到他的房間，他用一種平常的語氣，好像在陳述一件事實，這樣對我說：「我在死前想看看你，我快死了。」接著一陣痙攣讓他無法說下去。他痛苦地躺在那裡，揮著手，像是在說「不！」。當時我沒有看懂，以為他是在抗拒死亡。後來他感覺好一點了，便又開口說：「別擔心，我沒事，我只是不能控制我的身體。」他的身體已是陌生的疆域，再也不屬於他自己。

我的弟弟病得很重，再過二十分鐘就會死去。他喚我來，是因為他迫切地想交代身後事：「我想要立遺囑。」他說著，臉紅了起來，因為自己能像大人一樣說話，感到既驕傲又害羞。如果他是個鐘塔建築師，他必會囑咐我完成他的塔樓；如果他是個父親，我必得代替他教育孩子們；如果他是個偵察飛行員，那麼他必會將蒐集到情報交給我。但他只是個孩子，能託付給我的只是一架玩具蒸氣發動機、一輛腳踏車和一把來福槍。

人是不朽的。人總以為自己害怕死亡，但人真正害怕的其實是未知、是自己，而非死亡。當你面對死亡時，死亡便不復存在。當身體凋零，反而會釋放出人真正的本質。每個人都是一個節點、一張網、一個靠各種關係連結而成的網路。重要的是關係。身體不過是沒人要的斷壁殘垣。我從未見過有人在臨死之際還想著自己，從來沒有。

「上尉！」

「怎麼了？」

「越來越熱了！」

「射擊士，你呢？」

「呃……我也是，長官。」

「搞什麼——」

又一波爆炸襲來，把我的問題給吞噬。

「杜特！」

「上尉？」

「有受傷嗎？」

「沒有。」

「你，射擊士！」

「長官，我在。」

「我要——」

我的飛機像是撞上了銅牆鐵壁。當我抬頭想看看距離上方雲層有多遠時，有個聲音在我耳邊說道：「糟了！噢，糟了！」我注視的角度越是清晰，就彷彿看見越積越多、越來越密的黑色煙霧。我頭頂正上方倒是還看得見天空的。這些煙霧散落在空中，彎曲成一頂巨大的皇冠。

大腿肌的力量是可以很驚人的。我使盡吃奶的力氣狂踩方向舵，讓飛機搖搖晃晃地滑向我們航道的右方，讓那皇冠從我們上方一晃而至右側。我已經甩掉其中一個砲兵連，讓他們的攻擊通通白費。然而，我還來不及開始動用另一條大腿的肌肉，地上的砲兵連又再度開火，製造出更多煙霧做的皇冠，歪斜地掛在天空中。我再次猛力下壓，讓飛機轟隆搖擺著，盤旋著滑向左側，皇冠現在跑到我的頭頂左方了。

我們能這樣繼續下去嗎？沒辦法的！每次我猛力迴旋，還來不及穩住，成群的炸彈就如同洪水般湧來，緊逼在後。每次我一甩開煙霧皇冠，砲彈便會在飛機旁爆炸，屢試不爽。而每一次我向下看，都能看見同樣令人暈眩的子彈們精準地瞄準了我的飛機，如同金色泡泡一般緩慢上升。我們怎麼到現在還沒被炸成碎片？我開始對自己充滿了信心。「無論如何，我是無敵的。」我對自己說：「我要贏了！多撐過一秒，贏面就大了一分。」

「有人受傷嗎？」

「沒有。」

他們沒有受傷，他們刀槍不入，他們贏了。我屬於勝利的那一方。從那一刻起，每次的爆炸不再威脅著我，反而讓我的情緒緩和了下來。每一次千鈞一髮的瞬間，我都以為飛機就要被炸成碎片了，但飛機還是好好地聽從我的指揮，任由我像馬車車夫般使勁地拿起韁繩駕馭著。我放鬆了下來，感到一陣歡喜。我感到害怕的時間不長，頂多就是聽到撞擊的巨響時身體會一陣僵硬，但每次在衝擊過後便會立刻放鬆下來。我真正感覺到的先是驚嚇，然後就會立刻放鬆。驚嚇、放鬆，而夾在其中的害怕卻消失不見了。我被嚇到之後，並不會想著自己等一下就要死掉了，而是堅信著自己很快就能回神。我於是沉浸在喜悅之中，而這歡樂的感覺使我清醒。巨大的愉悅感不經意地注入了我的心，給我生命，讓我重生。我還活著啊！我自己便是生命的源頭，我戰慄著，陶醉於生的喜悅之中。人們常說

「戰役的熱度」，然而活著的溫度才更為真實。「我在想，」我自言自語：「那些在下面對著我們開砲的德軍，知道自己正在激發我們的求生欲嗎？」

我的機油箱和汽油箱都被打穿了，除此之外似乎一切都好。杜特呼叫表示他已經安全，而我又再一次往上探查雲層的高度。我再度拉起機頭，迂迴向上攀升，同時往地面望去，看到了令人永生難忘的景象。大地四分五裂，烽火連天，高速射擊砲持續發射。在巨大的藍色水族箱裡，五顏六色的泡泡不斷冒出水面，阿拉斯閃爍著深紅色的光芒，像是燒紅的赤鐵。而這燒著赤鐵的火焰吞噬了地面的店家、人們的汗水、發明、藝術、記憶、遺產而逐漸壯大，交織成了往上竄升的紅色火舌，將所有的一切化為灰燼，隨風飄逝。

我已飛過了第一道迷霧，下方的金色箭頭仍不斷往上飛竄，刺穿雲層的肚子。正當雲層在我身旁聚合時，我從雲層的缺口瞥了一眼那最後的景象。一瞬間，阿拉斯的火焰往上竄燒，在夜空中發出的光芒就如同教堂正殿中的燈火般明亮。那燈火是阿拉斯為了做禮拜而燃燒的，可是代價不斐。到了明天，火焰將吞噬整個阿拉斯，直到燒毀所有。

「都還好嗎，射擊士？」

「長官，一切都好。」

「不會太熱吧？」

「不，應該不會，長官。」

他自己也搞不清楚，但至少他感覺不錯。這讓我想到嘉瓦的射擊士。當戰爭情勢還不明朗的時期，我們曾飛至德國執行長距離偵察任務。有天晚上在萊茵河上空，八十盞探照燈同時打在嘉瓦的機身上，像獻祭般用光束包圍了他。當防空高射砲向他開火，嘉瓦突然聽見射擊士在自言自語——畢竟對講機是通的，那傢伙喃喃地唸著：「你以為自己什麼都看過，對吧？我告訴你，還早的呢。」那射擊士，興致可高了。

我繼續飛行，調整氣息，慢慢地深呼吸，讓胸腔鼓脹起來。能再次呼吸的感覺真好。還有太多事情等著我弄個明白。我第一個想起阿里亞斯。

不，不對，我第一個該想到的是那農夫，我營區寢室的主人。我等不及要問問他覺得一個飛行員要控制多少儀器呢！我很固執吧，真是抱歉。答案是一百零三個，他絕對猜不到的。這提醒了我要確認一下油壓表，就算油箱被打穿了還是得做。這油箱做得太好了！油箱外層被橡膠保護套包覆住，油箱一被子彈打穿，橡膠便會收縮，自動擋住了彈孔，充分發揮了它應有的功用。我往飛機尾翼看了一眼，看出了我們飛過的雲層是積雨雲。飛機強烈地晃動著。

「我們還能再下降嗎？」

「再十分鐘，最好再等十分鐘。」

我當然可以再等十分鐘……是啊，我想到了阿里亞斯，不知道他是否還在等著我們？之前有次我們比預定時間晚了一個半小時才抵達，晚了一個半小時是很久的，這通常代表出事了。當我終於降落，便三步併兩步跑，加入了正在用餐的隊伍。我推開門，在阿里亞斯身旁快速落座。那時他正用叉子捲起一團義大利麵，準備送入口中。一看到我人好端端地，他跳了起來，麵條掛在叉子上晃啊晃的。

「啊！我……很高興看到你回來。」他說。

然後他將麵條送進了嘴裡。

在我看來，阿里亞斯少校有個嚴重的缺陷。他非常固執，堅持要質問飛行員每趟偵察任務所蒐集的情報。他也會質問我，他會用一種令人感到尷尬的耐心坐著看我，等我自己向他報告一些普通的情報。他會用紙筆武裝自己，一絲不苟地做紀錄，不漏掉一丁點我帶回的細節。

這讓我想到在學校的時候：「聖修伯里，你怎麼求解柏努利方程式？」

「呃……呃。」

柏努利、柏努利，讓我想想……在老師的注視下，我全身僵硬，像是一隻被大頭針固定的昆蟲，動也不能動。

蒐集情報是杜特的工作，不是我的，他才是觀察員，我可是飛行員啊。在他的座位上可垂直往下看，看見的事物可多了——卡車、駁船、坦克、士兵、加農砲、馬匹、火車站、火車、站務員。在我的座位上只能從特定角度看見世界的一小部分。我看見的是雲、海、河流、山、太陽，我只能看個大概，有個總體的印象。

「少校，你知道我是飛行員……」

「拜託了，聖修！你總有看到些什麼吧。」

我……噢，對了！我看到了火焰，村莊在燃燒著。少校不覺得這很有意思嗎？

「廢話！全國各地都有大火啊！還有其他的嗎？」

阿里亞斯啊，你何必如此殘忍？

XX

我在這次偵察任務所帶回的情報，在報告中不值得一提。當阿里亞斯向我問話時，我只能像個學生一樣，當著全班的面站在黑板前，絞盡腦汁想著要怎麼回答。我看起來一定很不高興，但我又不該如此。事實上，我早已將不悅的心情拋諸腦後了。當砲彈的彈殼紛紛落在機身上，我卻仍安然無恙的那一刻，我只有慶幸，哪裡還懂得不開心。假使我早一秒掉頭，就會錯過這重新認識自己的機會。

我永遠也搞不清楚自己內心中洶湧的情感是怎麼來的。我將要回家了，回到家人身邊。我像個剛採買完畢的家庭主婦，在回家的路上思量著，要煮什麼樣的美味晚餐來滿足家人呢？她把菜籃子掛在手臂上，左右搖擺著，時不時她會把蓋住菜籃的報紙拿開，往裡頭看看，東西都在，沒有忘記。她想著自己計畫要給家人的驚喜，忍不住笑了開來，多逛了一會兒，又掃了一眼商店的櫥窗。

要不是杜特堅持我們得繼續待在這一片白茫茫的雲海裡，飛不出去，我也想多逛一會，看看我的「商店櫥窗」，看看我們飛越過的那些鄉鎮。

杜特要我有點耐心，而他的堅持是對的。這地區的狀況相當險惡，氣流沉重而變化多端。地面上每座小小的宅邸，還有宅邸旁有點可笑的草坪、家族照片裡作為美化背景的整齊樹林，通通看不見了。如果我從那些房子上空低飛而過，迎接我的不會是一雙雙揮舞的手，而是在空中爆炸的砲彈。

就算待在雲層的「肚子」裡，我也覺得自己是在從市場回家的路上。少校終究是對的。「然後你沿著右邊第二條街走到廣場，就會看到一間菸草店。」當他用這樣的口吻派我們上戰場，那語調真切地安撫了我們。我的口袋中有少校的火柴——或者應該說，是放在杜特的口袋中。我不知道杜特是怎麼去記住所見所聞，那是他的工作。我專注在更重要的事情上，我們必須要降落。如果敵軍高抬貴手，讓我們在這場混亂的槍林彈雨中倖免於難平安返航的話，那我要向拉科戴爾下戰帖，贏他一盤棋。他厭惡輸棋，我也是。但贏的人會是我。

這樣講好像不太好，但昨天拉科戴爾喝醉了。至少是有一點醉，他藉由灌醉自己來尋求一點慰藉。因為他從偵察任務返航時，忘記放下起落架，著陸時讓機腹著地。不幸的是阿里亞斯也在場目擊了一切，但卻什麼也沒說。身為一位資深的飛行員，拉科戴爾做好了準備，等著阿里亞斯責罵他。他盼著阿里亞斯的咒罵，罵得越兇，他的心裡才會越好過，至少這能讓他回嗆一番，好好地發洩在胸口盤旋不去的怨氣。但阿里亞斯只是哀傷地搖了搖頭，因為他在意的是飛機，而不是飛行員。對少校來說，這次意外只是日常失誤，只不過是在小組的犯錯統計表上增加一筆紀錄罷了。這反映了最資深的飛行員也有分心的時候，相當不公平，而拉科戴爾正好是受害者。撇開這次失誤不談，拉科戴爾的飛行生涯從未出過其他差錯，阿里亞斯很清楚這點，但他擔心的只有飛機。他想也不想，自然地轉向拉科戴爾，詢問機身受創的程度。一聽到這問題，我能感覺到拉科戴爾的怒火上升。人心往往是深不可測的。試想，你親熱地把手放在施虐者的肩膀上，問他：「你覺得被虐者吃了多少苦頭？」你原本想用友善的手勢激發施虐者的同情心，不料卻激怒了他。他給被虐者一個白眼，後悔沒能直接要了他的小命。

我正在回家路上，2－33中隊就是我家。我瞭解住在家裡的人，我瞭解拉科戴爾，拉科戴爾也同樣瞭解我。我們之間的連結是如此緊密，牢不可破。我一說到「我們2－33中隊」，就能感覺到我們之間的每個分子、每個輪廓開始聚合而成一支強大的隊伍。

在雲層間飛行時，我想起了嘉瓦和赫斯德，感動於彼此如共同體般的團隊情誼。先是嘉瓦，他是怎樣的一個人？他身上有種腳踏實地的氣質。我突然陷入了一段暖心的回憶裡，在奧爾孔特的時候，嘉瓦也是駐紮在一戶農家裡。有天他對我說：「前幾天，農夫的太太殺了一頭豬，做了豬血腸想讓我們嘗嘗。」

於是嘉瓦、依薩亞和我，我們三人坐下品嘗那美味又酥脆的黑色血腸，還搭配著一瓶白酒順順口。我們一面吃，一面聽嘉瓦說道：「我買了這樣東西給農夫太太，我想她會喜歡的，你在上面留言給她吧！」那是我出版的著作之一。我一點也不覺得不好意思，反而很高興地簽名題字，好讓他們開心。嘉瓦坐著，在腿上抓癢，依薩亞在為菸斗填充菸草，而農夫

太太則因為得到了一本我的簽名書而開心著，廚房充滿血腸的氣味。雖然多數時候我並不喜歡為自己的書簽名題字，但在酒精的催化下，我感到微醺，一點也不覺得彆扭，除了為自己的書簽名以外——若是在別的場合，這件事會讓我感到很困擾——沒什麼讓我不自在的，因為我不覺得自己是個作家，也不覺得自己是不屬於這裡的外人。我就是這裡的一分子。依薩亞微笑著，看著我在書上簽名。嘉瓦繼續在他的腿上抓癢。他們的反應讓我既感激又安心，他們大可因為那本書而將我視為外人，但他們沒有。我還是他們的一分子。

所謂作為生命旁觀者的概念總讓我厭惡。如果我不是生命的參與者，我還會是什麼？生命的意義就在於參與，和我一路同行的人們身上的特質感染了我，而那特質是中隊隊員們自己都想不到的——這並非出於謙虛，而是因為他們自己從不刻意而為。嘉瓦從不為自己著想，依薩亞也是，他們每個人的心思都是由工作與責任交織而成的一張網，而我們一起吃著煙燻豬血腸的這件事，也被織入了網裡。這些人的存在感濃烈而充滿了意義，溫暖了我的心。我就算在書上簽名，也不會就此與他們產生隔閡。這世上沒有任何事能打破我們堅強的兄弟情誼。

我並非有意貶低心靈的作用或智慧的結晶。我和所有人一樣，仰慕著澄澈的智慧，但一個失去人類核心價值的人，還算是個人嗎？如果他空有聰明才智，卻喪失做人的基本道理，這樣還算是人嗎？我過去曾在吉約梅身上看到的特質，現在在嘉瓦還有依薩亞身上重現。

我之前曾經提過，身為作家，我在這場戰爭中本可享有某些特權和自由度。比如說，如果哪天我不再認同上級交付予我的命令，便能自行決定離開2－33中隊。可是我幾乎是誠惶誠恐地拒絕了這樣的自由，因為這不過是屬於旁觀者的自由，而這種自由不該存在。人啊，要盡義務，才能成長。

我們法國人就是死於這種自以為是的小聰明。嘉瓦才是真實存在的人，他愛著、恨著、高興著、抱怨著，他的本質形塑了他的模樣。我快樂地與他一同在桌邊分享酥脆的豬血腸，也同樣快樂地與他分擔中隊這個大家庭中應盡的義務。我愛2－33中隊，我不是以一個觀眾的角度，拿著華麗的望遠鏡說我愛它。去他的望遠鏡。我愛2－33中隊，因為我是它的一部分，它也是我的一部分。因為它滋養了我，我也同樣地給予回報。

如今從阿拉斯返航的我，與2－33中隊更是前所未有的團結一心，甚至產生了一種新的連結。那是一種盡在不言中的默契，在內心中逐漸壯大。我們每個人都面對著同樣的生命危險。依薩亞失蹤了，似乎可以肯定的是，在今天的偵察任務中，我也應該消失無蹤。我能從在空中盤旋轉圈的任務中得到什麼——除了讓我有多一點權利能和隊友不發一語地同坐一桌以外。然而這權利是如此難得而彌足珍貴，有了這權利，我才得以感受自己的存在，而非渾渾噩噩地度過一生。

一想到之後阿里亞斯向我問話時，我會臉紅耳赤、結結巴巴的答不出來，我就覺得羞愧。少校一定會覺得我有點蠢。我光是用想的，就羞得想鑽進地洞裡。然而我之所以再一次起飛——飛往阿拉斯——為的就是去尋找我信仰的證據。我在這次偵察任務中將整個人都豁出去了，用一種必死的決心。我在遊戲規則前交出了自己的一切，為的是換來扭轉規則的機會。也因為如此，我贏得了當少校問我話時，在其面前展現羞愧的權利；也是我參與了一切的權利；是我和其他人並肩作戰後得到的權利；也是和其他人交談、彼此給予及付出的權利；是超越了自我、並擁有這滿溢於內心感動的權利。我感受到自己對中隊的愛，這愛並非無中生有的衝動，而是從內心油然而生卻無從表現的愛——不過在告別晚會中卻是例外。在告別晚會中，你一定會喝得有點醉，在酒精的催化下，你會靠著你的朋友，就像是掛著禮物而彎曲的樹枝。我對中隊的愛不需要定義，它將我們連繫在一起，它就是我的核心價值。我就是中隊，中隊就是我。

當我想起中隊時，就一定會想到赫斯德。赫斯德將自己全然地奉獻給了這場戰爭，他的奉獻或許比起我們所有人都來得還要多。他一直以來保持的狀態是我要花相當大力氣才能追上的，他已經達成我們其他人想要追尋的目標。

赫斯德是中士，後來被升為少尉。我認為他的文化素養不高，也不懂得如何表達自己的想法，但他是個有建設性、完整的人。責任這個字在赫斯德身上毫不誇大，大家都樂意向他看齊，欣然接受分派的任務。我一想到赫斯德，就會忍不住責怪自己總是輕言放棄、粗心大意、因循怠惰，有時還會展現出知識分子的懷疑態度。這並非是我心中美德的表現，而是聰明的嫉妒心在作祟，因為我希望能像赫斯德一樣完整地活著。赫斯德的恆心毅力也很美，他永遠充滿著希望。能活得像一棵長著強壯根莖的樹木，是一件美事。

要說說志願者的事嗎？每次的偵察任務，我們都是志願者。赫斯德的自願是發自內心的，我們其他人則是需要「相信自己」這樣含糊的理由說服自己，而自願參加似乎讓我們感覺戰勝了自己。他本身就是戰爭，這事實明顯到當少校要指派敢死隊時，第一個想到的就是赫斯德。「是這樣的，赫斯德……」赫斯德投入這場戰爭的狂熱程度不亞於獻身於宗教的修士。他是為誰而戰？他為自己戰鬥。因為他已將自我與這場戰爭、這個中隊和法國綁在一起，再也分不開了。赫斯德想拯救的是他自己本身，這也是他存在的意義。他已是個活死人，生與死對他而言並無不同，或許連他自己都不知道，他並不懼怕死亡。攻擊，還有讓他人攻擊，這才是重點。對赫斯德而言，生與死已融合為一體。

關於赫斯德第一次讓我印象深刻的事，發生在他還是個中士的時候，那時嘉瓦想向他商借碼錶來測量船隻航行的速度。

「中尉……我……我不想借。」

「別傻了！我十分鐘後就會還你。」

「報告長官，在中隊營區裡還有一隻碼錶。」

「是，我知道，那隻錶壞了。」

「報告長官……沒有人在借碼錶的。我沒有必要借給一個中尉，這不合規定，中尉也無權要求我。」

森嚴的軍紀和階級制度或許可以要求赫斯德從一架著火的飛機上打開降落傘，再立刻跳上另一架飛機，前往加倍危險的地方執行下一次偵察任務，卻無法要求他把碼錶借給長官。那隻錶可是花了他三個月的薪水才買到，在他眼中既珍貴又脆弱得像個嬰兒似的。從某些人揮舞手臂的樣子就可以看出他們不懂得愛護碼錶，在赫斯德看來，嘉瓦就是這種人。赫斯德成功了，當他將碼錶捧在胸前，因不合理的要求而生氣地離開辦公室時，我真想擁抱他。赫斯德是個真性情的人，會誓死捍衛他的碼錶，他的碼錶於是存活了下來；他也會為國家誓死奮戰，讓他的國家存活下來。赫斯德的存在與這兩者緊密相連，形塑了他的樣貌及行為。

所以我珍視赫斯德，但沒必要告訴他。當我有生以來最要好的朋友，吉約梅，在一次飛行任務中喪生後，我同樣地也不去提起他。我們曾一起飛同一條航線，參與同一件任務規畫，也有著相同的特質。我的某個部分已跟著他死去。當我沉默時，吉約梅就陪伴著我。我是吉約梅的一部分，吉約梅也是我的一部分。

我屬於吉約梅、嘉瓦、赫斯德的一部分，他們也屬於我的一部分。我屬於2－33中隊，中隊也屬於我。我屬於國家，國家也屬於我。我和我的國家是一體的，而所有2－33中隊的弟兄也是。

XXI

我變了許多。阿里亞斯少校，最後的這幾天我過得好苦啊——就在這幾天，敵軍長驅直入，而我方使用犧牲打戰略，導致中隊上的二十三個機隊中有十七隊陣亡。我們——應該說，特別是對你而言——都願意好好扮演慷慨赴死的角色吧，就因為劇本是這麼寫的。阿里亞斯少校，我好痛苦，而且我錯了。

我們所有人——尤其是你——都忠實地執行命令上那些不知所云的任務。你想也不想地督促我們前進，目的是自我實現，而非勝利（因為這不可能）。你和我們一樣清楚，我們所帶回的情報永遠也不可能抵達參謀總部，但就算我們無法理解，你也仍然行禮如儀。每次你針對我們偵察的貨車、駁船和火車嚴肅地質問我們，彷彿我們的回答是非常寶貴的情報時，我都覺得你偽善得令人厭惡。但阿里亞斯，你才是對的。

我原本不覺得自己有責任幫助飛行時遇到的那批難民，直到我飛至阿拉斯，在那裡學了一課。我學到唯有付出，才能和對方建立連結，唯有建立連結，才能進一步互相了解。只有當泉水滋養著我的根，我才存在。我來自這逃難的人群，他們是我的泉源。我在黑夜中飛行著，以三百英里的時速在六百英尺的高空飛行，現在我穿過雲層，降低高度，加入了難民的隊伍。我就像個牧羊人，只消一眼就能點清羊群的數量，並將脫隊的羊隻趕回羊群中。那些難民也不再只是難民，而是屬於國家的每一位人民。

我們沉溺在失敗的泥淖裡，然而我像個剛接受聖餐禮的信徒，聖寵充滿，莊嚴而喜樂。我沉溺於混亂之中，勝利卻是屬於我的。我們中隊裡哪個飛行員不是滿懷著勝利的心情返航？就在這天，佩尼柯特剛完成了一個晨間低空偵察任務，回到基地後便向我描述了他的經歷：「每次當地面的砲兵連已經瞄準我的時候，我便會盡全力俯衝至地面，與那些砲台來個正面對決，用我的機關槍連續掃射，那些火砲就會像蠟燭一樣一一熄滅。我像顆未爆彈，神不知鬼不覺地接近那些砲兵，然後——碰！——敵軍陣營一下子就炸鍋了，四處飛散。真的，那感覺好像在玩保齡球。」佩尼柯特，這凱旋的軍官，開心地大聲嚷嚷，自豪的程度如同嘉瓦的射擊士一樣，他們有次成功脫離了敵軍探照燈，那四射的光柱就像軍隊婚禮中用高舉的長槍做成的拱門似的。

「航向九十四度，上尉。」

杜特在塞納河上空選了個地標做定位點，我們接著將飛機下降到四百英尺的高度，以每小時三百英里的速度遨遊於大地上方，透過擋風鏡看著那些矩形的小麥以及苜蓿田，還有大片三角形的森林在廣闊的大地上延展開來。連綿不斷的地景被機身切割成左右各半，帶給我一種奇特的滿足感。下方的塞納河閃閃發光，我側著機身飛過那蜿蜒曲折的河道，看見水流好像湍急了起來，激起一陣陣漩渦。在我眼中，河裡的漩渦就和田裡的鐮刀一樣，擁有美妙的曲線。我又恢復了元氣，重新掌握了自己的節奏。飛機的油箱還撐得住，而我這次一定能在牌局上贏佩尼柯特一杯酒，然後下棋打敗拉科戴爾。這就是我，當我贏得勝利的時候。

「上尉！我們被攻擊了！我們飛到禁區了！」

這個禁區是被我們自己人所禁的。在這裡駐紮的我方軍隊會對所有飛機開火，無論是友軍的還是敵軍的。我們接到命令要在此繞飛，但空軍中隊指揮所似乎總忘記注意此區禁飛的規矩。嗯，反正是杜特決定本次航線的，不是我。沒人能怪我。

「攻擊猛烈嗎？」

「正全力攻擊！」

「要掉頭嗎？」

「噢，不。」

他的語氣平淡，像在陳述一件事實。我們先前就飛過此區，對我們這些身經百戰的飛行員來說，防空機槍的攻擊輕微得像一場四月的春雨。不過……

「杜特，如果我們被自己人打下來，不就太蠢了嗎？」

「他們什麼都打不下來的，就當作讓他們做點運動吧！」

杜特話說得尖酸，不過不影響我。我很快樂，等不及要回到中隊。

「他們……老實說，他們開火的方式有點像……」

是射擊士！他也加入了嗎？這是他在機上第一次主動說話，整個航程中，他都沒有要開口說話的意思。只有在炮火攻擊最猛烈的時候，他才會咕噥個幾句：「天啊，噢，我的天！」但這可不是胡言亂語，畢竟機槍是他的專業——一個專家在面對其專業時，怎麼可能不發一語呢？

在我心中，飛機和地面是無法相比較的兩個世界。我剛剛才帶領了杜特和射擊士超越了正常人能承受的界線。我們看見整個法國陷入火海，看見陽光在海平線上閃耀。我們在高處漸漸變老，俯身凝望遠處的大地，像是走過一個個博物館中的展示櫃。我們在陽光中與敵軍軍機廝殺，讓整個機身蒙上一層灰。此後我們飛向大地的懷抱，卻又將自己投入另一場屠殺之中。我們已經犧牲得夠多，還有什麼可貢獻？我們的犧牲讓自己得以更了解自己，比在修道院中修行十年所得到的還要多。我們再一次完成了這等同於修行十年的挑戰。

在我們漫遊的這一小段時間裡，我們先前經過的難民車隊大概已往前推進了五百碼。我們將很快飛回那天堂般的基地，比起他們將汽車從溝渠裡搬回馬路上，抑或是車子駕駛不耐煩地敲打方向盤等待交叉路口的車潮散去的時間，還要來得快速。

僅僅是一個跳躍，我們就跨過了失敗，而且遠遠超越了它。朝聖者之所以能征服沙漠旅行的勞苦，正是因為他們的心早已抵達聖城。漸漸低垂的夜幕讓不幸的逃難人群停了下來，停在無盡的苦難之中。這群人將聚在一起，相互取暖，但這痛苦該如何訴說、向誰訴說？於此同時，我們正往弟兄的方向、慶典的方向飛去。一幢簡陋小屋只要點著燈光，酷寒的冬日晚上便搖身一變成為平安夜。同樣的道理，在飛機上的我們心心念念的，都是那個有眾多弟兄等著歡迎我們、那個能與彼此交換餐食的老地方。

這一天的經歷已經夠多了，我滿是疲憊，又感到些許幸福。我將在地勤人員面前凱旋而歸，機身上刻畫著榮耀的傷疤，我將脫去那笨重的飛行制服。時間已晚，不能從佩尼柯特那裡贏一杯了，我將直接走向餐桌和弟兄們一同用餐。我們已經遲到了。在過去，遲到的人永遠不會回來。他們只是遲到嗎？如果是，他們已經遲到太久，直到無法挽回。夜晚早已大手

一揮，將他們掃入永恆。

晚餐時間，中隊會開始清點隊員人數，接著為那些沒能返航的弟兄製作畫像，他們被描繪得比實際還要英俊，臉上帶著最光輝燦爛的笑容。但我們還在飛機上呢！這種好處我們寧願放棄。我們要像魔鬼，像林中的盜獵者般突然地出現，讓正在往嘴裡塞麵包的阿里亞斯定住不動，直盯著我們瞧。他或許還會說：「噢！噢，你們回來啦！」其他人則會保持沉默，看都不看我們一眼。

過去我曾有些瞧不起大人，但我錯了。人並不會真的變老，人可以保持純真的初心向前，歸來時仍是少年。其他人用沉默來掩飾內心情感的脆弱，但他們心裡想的會是：「噢，我們的一分子，你回來了！」

阿里亞斯少校！中隊弟兄之間的心有靈犀，之於我的意義就像是火爐之於盲人，雖然看不見，盲人還是能往溫暖的方向坐下，伸出手掌獲取快樂。我們從偵察任務中歸來，為的就是領取這沉默的獎賞。這獎賞的本質如此獨特，因為它是用愛打造而成，卻又不是一般的愛。說到愛，我們想到的通常是激情，但我們之間的愛是踏實的，用綿密的網路編織而成，緊緊地將我們纏繞包圍。

XXII

回到駐地，我看見農夫正和他的妻子與姪女一同用餐。

「猜猜看，」我對他說：「你猜一個飛行員要照顧多少儀器？」

「我怎麼知道？我又不懂飛行，」他說。「我猜有些應該已經弄丟了吧，你們就靠它們來打贏這場戰爭……。要一起吃點晚餐嗎？」

我說我已經吃過了，但他沒聽進去。

「我的姪女啊，往旁邊坐，讓點位置給上尉吧。」

我在那女孩和她嬸嬸中間坐下。在中隊之外，這地方也形塑了我的某一部分。透過他們，我的國人同胞，我得以和整個國家相互連結。愛是種子，只需等待發芽，它的根便會伸展得又遠又廣。

農夫靜靜地把麵包分成兩份，讓大家輪流取用。一切是如此簡樸而安詳，而他的神情肅穆，思量著該如何過日子。或許這是他最後一次如此慎重其事地給大家分麵包了。麵包是用小麥做的，這讓我想起了那一片片的麥田，或許明天就會被敵軍入侵了。噢！但不會有喧囂和衝突的！土地是如此廣闊，即使是一場侵略，看起來也會小得像是無垠田野邊上的一位駐防士兵罷了。表面上看似平靜無波，但實際上，只需要一個小小的記號，就足以代表一切已然改變。

吹拂過麥田的風和吹拂過海面的風是如此相似，但又更加地美妙，因為它輕撫過的麥穗是我們的祖產，是我們未來的儲糧。麥田裡的風如同伴侶間的愛撫，輕柔地穿過愛人的髮際。

到了明日，這些小麥的樣貌將有所改變。養育人類和餵養牲畜是不同的，麥子並非僅僅用來滿足口腹之慾，它有著更深一層的使命。我們發現，人們透過分享麵包，促進了彼此之間的交流。我們也從麵包中看見象徵人類勞動的尊嚴，因為麵包是在額頭的汗水中掙得的。人們也透過麵包展現同情心，因麵包正是救濟窮苦人家時最不可或缺的物資。沒有什麼比互相分享麵包還更加美味的了。麵包這食糧豐富了我們的精神，然而賦予它能量的小麥田，卻很快要遭殃了。或許就在明日，農夫便不會再依照原本的家庭儀式來分發麵包了；或許就在明日，桌上的麵包再也無法讓用餐的人們開心起來。因為麵包就像燈裡的油，價值就在於它能點燃火苗，帶來光明。

我看著身旁的漂亮姪女並對自己說：「麵包慢慢地在這孩子身上展現出上帝的恩典，它讓這孩子變得謙虛，變得溫和而安靜。但從明天起，同樣的麵包或許無法為這一家子帶來同樣的光明了。當廣闊如海的麥田一角升起了槍桿，麵包裡曾有的那股能量將消失無蹤。」

今天我征戰，並非是為了填飽肚子，而是為了保護燈裡那閃耀的光；我征戰，是為了讓所有國人同胞的家中擁有麵包所傳遞的特殊力量。那沉靜的小女孩深深地打動著我。在外表的包裝下，她的靈魂是這麼聖潔而脆弱，她的臉部線條是如此神祕而圓滿。就像我們讀書時，並非僅是看到書頁本身，而是讀著書頁上的一首詩。

那小女孩感受到了我的目光，抬起頭，好像對我微微笑了一下。那笑容微小得像是輕拂過水面的氣息，卻帶來了足夠的光亮，像是麥子發出的金黃色光芒似的，感動了我。在這神祕的當下，我與這個只屬於此地的靈魂相遇，而這裡有著和平。「這是屬於靜謐王國的和平。」我對自己說。

這三人的沉默之中隱藏著豐盛的內在情緒。小姪女的臉又再度變得僵硬，深不可測。農夫的太太嘆了口氣，環顧了我們四周，不發一語。農夫的心思都在明天的活兒身上，腦中滿載著屬於大自然的智慧。就像是整個村莊都在夜晚沉睡時，村裡從過去流傳下來的遺產卻默默地遭受威脅。真奇怪，我緊張了起來，覺得自己有責任守護這份隱形的遺產。我走出門，踏上了公路，感覺自己帶著一份甜蜜而沉重的負擔，像是懷裡抱著個嬰兒一樣。

我漫無目的的，走得很慢。我曾告訴自己，如果凱旋歸來，就要好好地對村子訴說心裡話，但現在的我卻無話可說。當我胸有成竹，勝利在望時，就好像那結實纍纍的樹枝，有好多話想說。但現在的我卻踱步徘徊，心裡想的都是自己和同胞之間那相連的血脈與情感。我是他們的一分子，他們也是我的一分子。農夫在餐桌上分發麵包的時候，並不是在給予，而是在分享與交換他僅有的物資。雖然我們都拿到了自己的一份，但農夫並未因此而匱乏，反之，他變得更加豐盛了。因為透過群體的分享，麵包將變得更加美味。而我也一樣。當我今天下午從法軍基地起飛時，想的也不是給予，我們中隊並未帶給同胞什麼，我們只是代替他們在戰爭中犧牲。一旦看清了這點，我便了解為什麼赫斯德在出任務時總是不出聲，像個悶頭打鐵的工匠。「你是誰？」——「我是村裡的鐵匠。」這鐵匠是是平靜安詳的。

我在公路上兜轉，在看似絕望的人群中，我仍充滿希望。但這不代表我與他們無關，相反地，他們存在我的希望之中。沒有錯，我們是戰敗了；沒有錯，事情還懸而未決；沒有錯，一切事物都受到了威脅。但除此之外，我的內心仍感受到屬於勝利的平靜。你說我自相矛盾？我不在乎。我和佩尼柯特、赫斯德、阿里亞斯、嘉瓦一樣，找不出詞彙來表達勝利的感覺。但我們也同樣意識到自己所肩負的重責大任，而感到絕望的人是不會背起責任的。

落敗……勝利……我真不知該如何說下去。有的勝利能鼓舞士氣，有的卻使人掉以輕心直至潰不成軍；有的失敗帶來屠殺，有的卻迎來新生。

要先知道造成勝利或落敗的因果，才能看出未來的樣貌。人生的樣貌不是取決於事件，而是取決於人在面對事件時如何應變。在這世上，我只知道一種絕對的勝利，那就是具備種子能量的勝利。只要將種子種入黑色的沃土裡，便成功了。接著只須等待，讓時間成功將種子變成麥子。

今天早上，法國還是由一群潰散的部隊和混亂的人群所組成。如果這混亂的人群能有一個負責任的中心思想，那混亂就會消失。當一個人心中規畫著要建造大教堂，那在他眼裡，工地高高堆起的石塊便不再只是石塊。如果那土地裡已種下種子，我便不該為它擔心。種子必將吸收土地的精華，長成金黃閃爍的麥子。

懂得思考之人必將如種子般成長；有所發現之人必會拉住我的袖子，試圖引起注意；有所發明之人必會到處宣傳他的發明。赫斯德是怎麼表達自己的，我不清楚，也不重要。他必將散發出平靜的信心，感染他人。現在我更清楚明白，是什麼能帶來勝利。內心想著要建造大教堂的人終將勝利，而只想在建好的教堂中謀求一官半職的人終將落敗。勝利是愛的果實，只有愛能塑造結局，只有愛能引領人走向終點。只有為愛服務時，情報才有價值。

雕塑家因他的創造而偉大，就算他不知道會將泥土雕塑成什麼樣貌，也沒關係。透過指尖不斷的揉捏，在一次次的錯誤與矛盾之中，他將漸漸把泥土化為創作。聰明才智和創意無關，評論也和創意無關，但如果雕塑家空有技巧和才智，他的手便將失去創造的力量。

我們對聰明才智的誤解由來已久，而忽略了人的本質。我們以為擁有精湛的手藝便能成就高貴的事業，以為自己精打細算便能讓他人吃虧，以為一、兩句隨意的讚美便能讓乾枯的心靈找到友情或愛。我們忘了自己是誰。杉樹的種子只會長成杉樹，荊棘的種子只會長出荊棘。我再也不會光聽人們的片面之詞，就妄下評斷，也不會輕易接受言語的承諾，或被行為的方向所蒙騙。比如說，當我看見一個人往家的方向走去，我不會知道在家裡等他的，會是爭執還是愛情？我只能問自己：「他是什麼樣的一個人？」只要得到這問題的答案，便會知道是什麼在吸引著他，而他將往什麼方向去，因為每個人最終都會往自己心之所向前進。

飽受陽光照耀的種子總能找到石頭的縫隙，破土而出。沒有陽光的指引，就是最單純的邏輯問題也會讓人困住，答不出來。我忘不了敵人給我上過的一課：裝甲部隊要往哪個方向行進，才能深入敵軍的後方呢？沒人說得準。裝甲部隊這麼做的目的又是為什麼呢？他們該使出大海的力量，來撲向那聳立的大壩。

我們該怎麼做？這樣還是那樣？這樣或那樣的相反？我們對於未來沒有定見。最關鍵的問題是，我們會變成怎樣？這個問題關係著靈魂與精神，而非聰明與才智。因為聰明才智是由靈魂滋養著，創造力才接著應運而生。人們是如何建造出世上第一艘船的呢？這是非常複雜的問題。一艘船想必是在無數次的錯誤與摸索下才得以誕生。但是建造那艘船的又是什麼樣的人？這裡問的是創造的根本。先是商人與士兵出於對遠方的熱情與想望，吸引了工匠與設計師前來，在榨乾所有工人的體力後，總算把船給建造了起來。那麼，我們又該如何摧毀一座森林呢？啊！這問題太難了……該怎麼做？很顯然，一場森林大火便可以辦到。

明日的法國將進入戰敗的黑夜裡。希望在黎明來臨之時，我的國家仍然存在。我們該如何拯救自己的國家？我不知道。想做的事是如此矛盾。好好保存民族精神是必要的，否則我們的人民將被剝奪才華；拯救民族的血脈也是必要的，否則文化遺產將不復存在。如果想同時兼顧兩者是沒有辦法的，因此邏輯學家將選擇犧牲精神或血脈的其中一個。但我要的和邏輯學家並不相干。當黎明來臨時，我希望我的國家無論在精神或血脈上仍然存在。於是我要將我全部的愛投注於這個目標，只要有心去做，天底下沒有不能達成的事。

盲人能往火爐的方向走去，靠的全是需要取暖的衝動，那需求在遠處便已驅使著他們前進，先是感知到火爐的位置，才開始移動。雕塑家在心中想著陶土的模型時，創造力便已掌握在他的手中。我們中隊的隊員也是。國人同胞與我們之間的羈絆是如此溫暖，讓我們感覺自己勝券在握。我們的心與國人同在，但我們必須學著表達，才能讓人知道。這需要動用意識以及語言能力，要避免陷入膚淺的邏輯辯論、大放厥詞的空談之類的陷阱。最重要的，是我們必須全然接納自己的每一部分。

或許是飛往阿拉斯的航程給我帶來了啟發，因此我從阿拉斯回來後，在夜晚寧靜的村落裡，靠著牆，給自己訂立了一些規則，規定自己永遠不能違背它。

既然我是法國的一分子，那麼無論我的國人同胞做了什麼，我永遠也不該拒絕他們，也不能因為聽了別人的話就反對他們。該保衛他們時，無論何時我都義不容辭。如果他們羞辱我，我將保持沉默，把那份羞辱深藏於心。無論我對他們有什麼想法，我都不會告訴別人。道理很簡單，有哪個丈夫會挨家挨戶地昭告天下，說自己的妻子是個蕩婦？這樣做難道可以維護自己的名聲嗎？不，因為妻子是他的家人，他們是一體的。她一旦喪失尊嚴，他也別想擁有。他只有回到家中，才能釋放憤怒。

也因此，我不會逃避自己戰敗的事實，即使這實在令人感到丟臉。我是法國的一部分，法國是我的一部分。法國孕育了帕斯卡*、雷諾瓦、巴斯德、吉約梅、赫斯德。她也孕育了廢人、政客和騙子。要說自己是屬於較優秀的那一類人實在太簡單了，沒有人會承認自己屬於另一類人。

戰敗使人們分裂，斷了人與人之間的聯繫，招來死亡的威脅，然而我不會把造成法國人分裂的責任歸咎於和我想法不同的人。在這件事上沒有對錯可言，而相互指控並無法帶來任何好處。戰敗的是全體法國國民。我戰敗了，赫斯德也戰敗了，而赫斯德從未怪罪於他人，他只會對自己說：「我，赫斯德，是法國的一分子，我很軟弱。代表法國的我，赫斯德，是軟弱的。我因成為法國而軟弱，而法國也因我而軟弱。」赫斯德相當清楚，一旦他開始與他的同胞劃清界線，他只能榮耀他自己。但也從那刻起，他也不再是國家、家族或中隊的一分子了，能與他相伴的，只剩空蕩蕩的沙漠。

唯有先行分擔家族的恥辱，才能夠影響他們。我與他們是共同體，不分你我。如果我拒絕分擔屈辱，那麼我的家族將分崩離析，留我孤身一人，滿懷空虛如行屍走肉。

我不承認虛無。我人生追求的是存在，而自我要存在，就必須從扛起責任開始。幾個小時前，我還是盲目而刻薄的，但現在我已經能做出清楚的判斷。既然我認為自己是法國的一分子，也因此拒絕批評其他法國人，那麼同理而言，我也不覺得法國有權利去批評其他國家。每個人都該為全體負責。法國曾為世界負起她該有的責任，她或許曾是世界的共同典範，讓各國團結起來。她或許在建設這個世界上曾扮演關鍵的角色。如果法國保持著她原本的樣貌和影響力，世界各國必定不會將矛頭對準了她。從今以後，我將不再責備這個世界。如果有一天，這世界丟失了靈魂，法國便該貢獻出自己的靈魂，為這世界服務。同樣的，法國也應尋找自身的存在，避免崇尚虛無。

前一段時間，我們２－３３中隊自願參加了一個先是在挪威然後在芬

* 布萊茲·帕斯卡（Blaise Pascal，1623-1662），法國神學家、哲學家、數學家、物理學家。

蘭的戰爭。我那時想，我們這些法國士兵和小軍官哪懂得芬蘭和挪威是什麼？想必這些人糊里糊塗地自願送死，腦中對那地方的印象卻只有雪景和聖誕雪橇鈴聲吧。或許在他們眼中，為了拯救世界上那樣的景色，便能合理化他們犧牲生命的決定吧。如果我們對這世界而言，也像聖誕節般珍貴，那麼我們的存在便能拯救這個世界。

整個世界裡，人類在精神上的溝通並不如期望，但如果我們堅持這樣溝通下去，便得以拯救自己以及這個世界。在這個方向上，我們失敗了。每個人都應該為群體負責。這是第一次，我了解到從我所屬的文明中所誕生的宗教，它的奧祕就是：「背負全人類的罪。」每個人都必須背負所有人的罪孽。

XXIII

誰說示弱的一定是弱者?為了承擔責任,真正的領袖會說「我被打敗了」,而不會說「我的人被打敗了」。「我該負責。」就是赫斯德會說的話。

我了解謙虛的意義,謙虛不等同於自我貶抑,而是觸發行為的動力。如果我將自己的不幸歸咎於命運來為自己開脫,那麼我便是向命運屈服;如果我將不幸歸咎於背叛,那麼便是向背叛屈服;但如果我接受自己應負的責任,便從而肯定了自己身而為人的力量。我有能力可以影響家庭與社會,我可以大聲而驕傲地說自己是全人類社會的一分子。

過去的我並不是這麼想的,我必須想辦法打敗那些自私的想法,才能脫胎換骨地成長。多虧了飛往阿拉斯的旅程,我才改變了想法,清楚地體悟到自己想成為什麼樣的人。雖然不確定是否正確,但我想起了一個比喻:每個人都代表了一條道路,重要的不是人,而是選擇的那條路。

透過爭辯而得來的道理已無法說服我。我很清楚,操縱桿之所以結凍,並不能用政府官員的輕忽或是因各國擁兵自重而無法與法國互相扶持等理由解釋過去。我們大可將戰敗的原因歸咎於某些特定人士的無能，然而文明可以形塑一個人的樣貌，如果說，我所屬的文明因某些人的無能而被拉低了水準，那麼我想問，為何這個文明無法創造出有能力的人呢？

文明和信仰一樣，抱怨不虔誠的信徒只是承認自己的無能，該做的是用熱情重新感染他們。同樣地，面對非信徒的敵意，抱怨也不會讓自己變得高尚，該做的是想辦法吸引他們加入。我的文明在過去曾證明自身的價值，它點燃了人們的使命，推翻了殘酷的政權，解放了受奴役的人民。然而今日它的層次已無法提升，也無法吸引人追隨。要找到戰敗的根本原因，或是重新燃起雄心壯志，我們的文明必須先找回那早已遺失的、鼓舞人心的力量。

文明背後的真理和麥子一樣。麥子養育了人類，而人類也透過儲存小麥的種子，讓這物種得以保存。小麥種子是人類的遺產，一代接著一代傳承下去。要讓麥子在我的土地裡蓬勃生長，我不能只是嘴巴說說，或用頭腦空想而已，我必須先播種並等它發芽。而文明也是從富有活力的種子中生長出來的。想守護人民以及從他們身上發出的活力與光芒，就必須先保障有利於他們的原則與規定。

我的文明已失去它那閃亮的能量了。我能清楚描述我的文明的樣貌，但已無法看出它那激勵人心的原則，也看不出它該如何經歷時間的考驗，繼續走下去。而今晚，我發現自己用來描述我的文明的字眼並無法直指事物的核心。因此，我鼓吹民主——就以人類的素質和命運而言——我可以毫不懷疑的說，我宣揚的是全體的願望而不是一套制度。我希望人類能四海之內皆兄弟、自由與快樂。當然！誰不希望這樣呢？我能說出一個人該怎麼做，卻無法說出他該成為什麼。我用了「人類」這個詞，但沒有明確指出這個字的意涵。「人類社會」的概念對我來說是理所當然也不需要證明的，可是，有什麼是理所當然也不需要證明的呢？我所認知的道德氛圍並不是自然形成的，相反地，它是經過構築之下的產物。一群法西斯主義的獨裁者跟奴隸市場都屬於一種「人類社會」——劣質的那種。

至於我心目中的人類社會又該是什麼樣呢？我從未細想過這個問題，

直到我身陷危險。每次當危機威脅著我，我便拿它當盾牌，大喊：「什麼！攻擊這樣一座美麗的教堂，你不覺得可恥嗎？」但我早已不再建造那座教堂了，我只是以祭司或服事者的角色生活於其中。換句話說，我早已未戰先敗。我寄生其中，只是貪戀那教堂的寧靜、包容與溫暖罷了。教堂對我而言除了是個避風港外，別無其他，就像船上的乘客對船的想法一樣。乘客使用船隻，但不給予船隻任何回報，對乘客而言，船隻只是個被水包圍的遊樂場，船上的木頭是否被海水所侵蝕，他也毫不在乎。然而當暴風雨襲擊時，放聲哭喊的也是乘客！但他又對船隻做了什麼貢獻呢？如果我所屬文明的成員一個個退化腐朽，那麼當我遭遇挫敗時，又有誰能夠讓我傾訴呢？

有種母體，聚集了所有文明世界裡每個人都應具備的素質；有種基石，能支撐並召喚人們建立特定的社群團體；有種原則，曾是一顆光芒四射的種子，埋在屬於全人類的土壤中，是向上的力量，從樹根、樹幹、枝枒到果實，匯聚了所有事物。這顆種子是能助我得勝的唯一力量，但這力量又是什麼呢？

這奇異的鄉村夜晚讓我明白了許多事情。這村落如此寧靜，就算是最微小的鐘聲也能充滿整個空間，帶來了一種特別的感受。這裡所存在的一切都屬於我的一部分——牲畜的叫聲，遠方的呼喊聲，或是門關上時發出的聲音。每件正在發生的小事都像是發生在我心裡，一再觸動我多愁善感的情緒，讓我想在這感覺消逝之前好好把它抓住，弄個明白。

「那是阿拉斯上方的砲火。」我對自己說，砲火擊碎了我那頑固而堅硬的外殼，將我釋放出來。躲在殼內的我，在過去可以埋首於打理房子一整天，也曾經是個滿腹牢騷的房東代理人。換句話說，我曾經是個獨立的個體。接著，「大我」的概念出現了，並且輕而易舉地取代了心中的那個小我。那樣的我，曾從空中瞥見公路上流離失所的人群，並在人群中看見了人民——「大我」的人民。「大我」將我和那群人民團結在一起。「大我」的概念已深植我心，因此當我飛回中隊時，感覺就像奔向火爐取暖似的。我代表了整個人類，「大我」透過我的眼睛看著其他人，就如同其他戰友向我回望。「大我」就是我們共同遵循的共識。

這是個預兆嗎？我早已準備好要相信預兆。擔憂的情緒充滿了整個夜晚，沒有人說話，但彼此心照不宣。任何聲音在我聽來都像是一條訊息，清澈而又模糊。突然間，我聽見有個人回家的腳步聲。

「晚安，上尉。」

「晚安。」

我不認識這個人。我們就像兩名漁夫，在兩艘小船交會時向彼此打招呼。我又再度感受到人與人之間關係的奧妙之處。心裡的那個大我和我一同身處在這夜色中，到最後一刻都不願放棄任何一位人民。大我，就是人民和國家的共識。

那個人帶著滿腹的牽掛、思緒和回憶走在回家的路上。我或許應該走上前去和他攀談，聊聊這些深鎖在他心中的情感。我們將一面走在被月光映照成一道銀白色的鄉間小路上，一面交換彼此的回憶，就像從遠方回家的商賈們，在見面時會互相交換彼此的寶物一樣。

在我所屬的文明中，非我族類不會使我匱乏——反之，他將使我更加豐盛。我們的團結建立在比自我更高的層次，也就是建立在大我之上。當2－33中隊的弟兄在返航後的夜間吵得面紅耳赤時，那些爭論並不會損害我們彼此的兄弟情誼，反而使之更加堅貞，因為沒有人喜歡聽應聲蟲說話，也不想在鏡子裡看見自己的分身。但名為「大我」的鏡子則不一樣，屬於法國的法國人看著它也能看見屬於挪威的挪威人。因大我會將個人的層次提高並吸收兩者的特點，對大我來說，學習法國人的習俗跟學習挪威人的禮儀，概念是一樣的，並不衝突。在挪威傳誦關於雪的童話，在荷蘭種鬱金香，在西班牙跳佛朗明哥——只要實踐了大我的概念，這些事物將使我們更加豐盛。這或許就是我們中隊的弟兄們渴望並自願參與挪威之役的原因吧。

而現在的我似乎已走到朝聖之旅的終點，卻一無所獲。但是，如同從沉睡中醒來的人，我看到了一些長久以來被我所忽略的事物。我看見，在我的文明中，只有大我的精神有能力將不同的個體相互連結在一起，直到團結一致。在大我之中——如同在所有事物之中一樣——不能單單用其所構成的材料來解釋。一座大教堂是由幾何和建築工法所構成的完美建築，並不只是一堆石塊的堆砌。石塊本身是沒有意義的，因此組成教堂的石塊並不能定義教堂，能定義教堂的只有教堂本身的特殊意涵。然而構建出教堂的石頭，卻從此變得如此不同！看教堂尖塔上那隻最生動可怖的石獸，是如何完美地和教堂融合為一體。

大我，這個組成我的文明的要素，其重要性並非不證自明，而是需要透過教導才能讓人理解。大我並不會僅僅因人類存在而存在，因此人類無法透過自然的感知來習得大我的概念。我們是因大我的存在而成為人，而非因人而有了大我的存在。我的文明尊崇發揚大我情操的人們，就像是教導我們從一堆石塊中看到教堂一樣。

大我是凌駕於個人之上的——這就是重點，也是文明的真理，而我卻一點一滴地忘記了。我曾以為大我就是人類的總和，就如同石塊也是石塊的總和一樣。我把石塊堆和大教堂給搞混了，而我的文明、我的遺產也一點一滴地消失了。大我的精神應恢復於每個人的心中，因為它是文化的精髓，是社稷的基石，是得以激發我方勝利的種子。

透過死板的規範來打造一個社會是很容易的；要左右一個習於對主人或是對可蘭經戒律盲目服從的人也很容易。真正困難的工作是教導人做自己的主人，從而讓自己自由。

所謂讓人自由的意思是什麼？一個身處沙漠、如牲畜般毫無感覺的人，是無法讓自己自由的，真正的自由是讓他自己設法找到通往某樣東西的方向，像是你能教導他什麼是口渴，如何找到水源，如此他就自由了。只有當他開始了一連串解決問題的行動，一切才有意義。如果沒有地心引力，石頭就沒有自由，否則石頭被挖掘出來後，你叫它何去何從？

我的文明所追求的人際關係是建立於大我之上的，超越了個體，讓每個人在對待自己及他人的時候，不再是盲目的順從，而是自由地表達愛。看不見的地心引力能讓石塊落下，看不見的愛能讓人自由。我的文明希望人人都能變成同一君主的使節，讓自己成為道路或是訊息傳遞比個人還要重要的事物，並為他人指引奔向自由的方向。

我知道我的國家——這片充滿能量的土地是怎麼來的。幾世紀以來，我的文明透過人思考上帝的存在，人是按照上帝的形象所創造的，我們崇敬人心裡的上帝。在上帝面前，人人皆是兄弟。而正是這種對上帝的投射讓人擁有了不可被剝奪的尊嚴。我的文明繼承了基督教的價值觀，每個人對自己以及對他人的責任皆清楚明瞭，正如同上帝與人之間的關係一樣。

在上帝的面前，人人皆平等，也因此在信仰當中，人人皆以平等相待。平等的意義是無庸置疑的，但我們必須在共同的基準上才能實踐平等的概念，比如說在國家面前，軍官和小兵是平等的。沒有了共同的基準，平等便只是空談。

在上帝面前，人人的權利是平等的，是與生俱來的。如此的平等權利減少了阻礙，讓個人在自我提升的路上能更加順利。這是因為上帝選擇讓人成為祂的道路，因此上帝給予個人的權利也是平等的，每個人應負的責任與應遵從的法律也是一樣的。人崇敬上帝，於是擁有相同的權利；人服事上帝，因此也擁有相同的義務。

我理解為什麼上帝賦予人的平等既不會帶來矛盾也不會帶來混亂。一旦共通點成為政治訴求時，煽動行為就會發生，這就是為什麼身分認同常被拿來取代平等，成為煽動群眾的利器。這時候，小兵拒絕向上尉敬禮，因為一旦敬禮，他致敬的對象不再是國家而是個人。

我的文明繼承了上帝的意志，在大我的精神中，人人皆為平等。

我知道是什麼使得人們相互尊重。科學家之所以尊重鍋爐工人，因為鍋爐工人也代表了上帝。鍋爐工人和科學家一樣，都是上帝的使者。沒人可以傷害上帝的使者。沒有人有權力去奴役他人，無論他是多麼偉大而另一個人有多麼渺小。然而這種對人尊重的態度並不代表要對無能、無知或殘暴之人卑躬屈膝，因為我們尊重的不是個人，而是上帝使者的身分。因此上帝的愛在人與人之間建立了互相敬重的關係，這關係不屬於個人，而是屬於上帝的使者。

我的文明繼承了上帝的意志，讓每個人在心中建立了對大我的尊敬。

我知道是什麼促使人們懂得互相友愛。在上帝面前，人人皆是兄弟。一個人必須要先存在於某種關係裡，才能被稱為兄弟。如果人與人之間沒有關係，那麼人與人相聚時只能算是站在一起，而不能稱之為團結。人是無法憑空變成別人的兄弟的。２－３３中隊的飛行員們是中隊的兄弟，法國人是法國的兄弟。

我的文明繼承了上帝的意志，讓四海一家，人人都是彼此的兄弟。

透過傳道與宣導，我了解到行善布施的意義。個人透過行善，讓上帝得以服務人群。無論受惠者多麼渺小，在接受恩惠時都不會受到羞辱，也沒有必要對布施者感激涕零，因為這布施的禮物是經由他手中來奉獻給上帝。慈善的行為不是為了彰顯別人的卑微、殘暴和無知，而是為了上帝所實踐的。醫師冒著生命危險照顧染疫的無名小卒，不是為了別人，而是為了他自己，為了服事上帝。就算他為了照顧一個小偷而徹夜未眠，也不會減損他的人格。

我的文明繼承了上帝的意志，讓每個人都能透過慈善來造福全體人類。

我知道一個人必須謙卑的深刻意義。人並不會因謙卑而變得低下，反之，謙卑將使他更加高尚，使他更了解自己身為使者的使命。使者的身分讓他有義務去尊重其他人身上的神性，也同樣讓他藉由尊重自我的神性，來成為上帝的信使，走上帝要他走的道路。如果一個人只沉醉於自我的重要性，那道路將被汪洋所淹沒。而謙卑能讓他為了洗心革面而將自己置之度外。

我的文明繼承了上帝的意志，宣揚人人必須先自重而後人重之的道理。

最後，我知道為什麼上帝的愛能讓人懂得為他人負責，給人希望。因為上帝的愛讓每個人都成為同一位上帝的使者，都肩負著拯救全人類的使命。沒有人有權利絕望，因每人所背負的使命都比自己還要重要。一旦絕望，就是拒絕相信上帝。此時希望的責任便是告訴我們：「你覺得自己很重要？這是多麼愚蠢的絕望啊！」

我的文明繼承了上帝的意志，讓個人懂得為群體負責，而全體也須對個人負責。只要能夠拯救國家社會，便有人願意犧牲自己。這並不是愚蠢的盤算，而是出於對全人類社會的尊重。為了一個被活埋的工兵，其他一百個工兵將願意賭上性命進行救援，因為那個被活埋的工兵代表的不只是他自己，也是全體人類。這就是我的文明之所以偉大的原因。

在光亮之中，我了解了自由的意義。自由是成長，如同樹木得以從其被播種的沃土中茁壯；自由如同溫和的氣候，促進了人類的蓬勃發展；自由像舒服的風，多虧了有風吹動了帆船，才能讓它在水上自由划行。一個有此智慧的人便是被賦予了如樹木一般的能力，畢竟有什麼地方是樹根所無法觸及的呢？有什麼人類智慧的果實是他無法吸收的呢？他必將在陽光下開花、綻放。

但我毀了一切。我讓國家文明的遺產消逝，讓大我的概念腐化。然而，我的文明也花費了絕大多數的精神氣力，就為了保留對獨立個體的崇拜，以及在個體崇拜之上所建立的良好人際關係。這就是文藝復興末期時的人文主義*所追求的那一套。人文主義所追求的是大我，其任務是將全體人類奠基在個人之上，並將此理想發揚光大。

一旦我們試圖談論大我，便會發現很難找到有效的言語來描述它。大我和個人是不一樣的。光是形容建造教堂的石頭，是說不出教堂真正的本質的；光是用個人的素質，也無法定義大我的本質。當我們企圖用邏輯與倫理來闡釋大我的概念，並想藉此灌輸到人的意識中，人文主義便無法前進了。事物的結合是無法用言語做說明的。如果我認識了一個不愛國也不愛家的人，就算我想向他說明愛國與愛家的意思，無論我用什麼樣的說法都無法激起他對國或對家的概念。當然，我也可以拿農場來做比喻，藉由提起農場中的田地、牧地、溪流、牲畜，每個物件都是農場的一部分，而當每個物件集合起來時便成為農場。有些農夫是願意為了農場而犧牲自己的，由此可見，存在於農場中的不只有肉眼可見的物質成分，而這物質以外的「其他東西」正是農場的本質，豐富了農場的各個部分。有了這東西，農場的牲畜、草地與田野也才有了其歸屬的意義。

也因此，人終將歸屬於某個國家、某個團體、某種行業、某個文明或

* 人文主義（Humanism）是一個基於以下原則的信仰體系：人們無需遵循神或宗教就可以滿足其精神和情感需求。

某個宗教。然而，在我們披上這些高尚的外衣之前，我們必須先發自內心認同它。光是嘴上說說是沒有用的，還必須用行動才能表示自己真正的歸屬。「我們是誰」這個問題的答案不是用語言建立的，而是以行動建立的。而人文主義忽視了行動的重要，因此無法達到它的目標。

而這行動的本質有個名字，叫做犧牲。

犧牲不代表割捨或是悔恨，而是一種純粹的行動，是一個人所能獻給自我歸屬之地的禮物。因為只有他才知道自己所屬的農場、國家是什麼樣子，需要什麼樣的人來犧牲奉獻才得以拯救此地，抑或讓此地變得更加美好。這種時候，他的內心將充滿對家園的愛，組成家園或是國家的一切，對他而言都是禮物。

只要我的文明以上帝為依歸，它便能在信上帝的人們心中保有犧牲的觀念。人文主義忽略了犧牲所扮演的角色，單純地認為不須透過行動，只需用言語便能傳達大我的概念，要讓所有人保有大我的觀念，只能加強言語傳播的力道。如此，人類便將開始往危險的方向傾斜，因為我們將以為人類便等同於人數多寡的集合體，正如同以為教堂便等同於一堆石塊的集合體一樣。如此一來，我們文化上的遺產將逐漸消逝。

現今輿論時興探討的是人類全體的利益，而不是個人的利益，並一點一滴地為那些沒有大我概念的群體建立道德規範。這道德規範清楚地解釋了個人應該為了群體犧牲的原因，卻沒有明確地解釋群體為何該為個人犧牲，為何一個受到司法不公而遭監禁的人，也值得上千人為他請願奮鬥；我們只覺得好像該這麼做，但說不清楚為什麼，也漸漸遺忘了這樣的初衷。然而，正是這樣的原則使人類偉大，也是人類社會和區區蟻窩之間最大的不同。人性是建立在大我的概念之上的，如果為了追求速成而簡化了人性，將使我們退化至螻蟻一般，人類的定義就只是人數的總集合罷了。

然而我們又有什麼能力和國家及政黨的信條作對呢？我們心目中理想的大我、上帝的子民又是什麼樣子呢？在虛無飄渺的言語形容之下，這樣的理想幾乎已難以辨認其貌。

我們逐漸忘記用大我的角度來思考，轉而將道德規範用於解決個人問題。我們推廣著人人皆平等的概念，然而卻忘了大我，導致自己也不清楚在推廣些什麼。一旦忘記人為何而平等，我們所信誓旦旦的那些詞語便顯得模糊而沒有用處。人與人的歧異甚大，比方說仕紳和草民、天才與愚者之間，怎麼可能有物質上的平等呢？在這由物質組成的土地上，平等意味著所有人的狀態以及在社群中的地位並無差別，然而這是很荒謬的。因此，人人平等的理想才會不敵身分認同，逐漸退讓消失。

我們持續地鼓吹人生而自由的概念，然而卻忘了大我，導致所謂的自由不過就是一張能傷害他人的隱形許可證。人無法獨立於他人而存在，一個傷心之人，他人必會被其情緒所感染。身為軍人，如果我自殘，就會被處死。人的行動必會影響他人，因此這看似理想的自由缺乏了實質的意義。

即便是這一類我們鼓吹的自由，也得經過各種美化與修飾才能被加以運用。我們完全無法分辨哪種自由的權利是合理的，哪種並不合理。為了保有這曖昧的原則，當社會對個人自由展開無數攻擊的時候，我們偽善地閉上眼睛假裝沒有看見。

而慈善就更不用說了，我們壓根不敢推廣它！曾有段時間，當人們以動物或人獻祭只為了榮耀上帝時，人們就稱之為慈善。透過對他人的慈善之舉，人們早先將之視為給上帝的禮物，後來又視為對大我的一種貢獻。可是我們發現，人們的慈善之舉其實只是為了成就個人，並非為了榮耀上帝或彰顯大我的精神，從那時起，慈善便變得令人難以接受。負責公平分配世間資源的該是社會，而不是個人單純的起心動念。人人都有尊嚴，一個人的尊嚴會要求他不要成為另一個人慷慨的附庸。真是荒謬啊——富有的人總能仗著自己的財產，要求接受施捨的窮人應該感激他們！

最誇張的是，這被我們所誤解的慈善已背離了它原本的目標，僅建立在對個人的憐憫之上，這將會禁止我們追求智識上的進步。然而真正的慈善是一種凌駕於個人的、對全人類的實質付出，它教導了我們去挑戰個人，好讓全人類邁向偉大之路。

因此我們遺忘了大我的概念。我們聚首時形同手足，分離時便形同陌路。也因我們遺忘了大我，我的文明所宣導的博愛精神中那溫暖的一面也被我們丟棄了。博愛不是對群體有所貢獻，而是願意做出犧牲；博愛是對自己還要重要的事物做出禮讚。但是我們搞錯了博愛存在的真正根源，從中看不出我們所能做的付出，而將博愛的精神限縮成僅僅是互相容忍。

我們不再付出。當然，如果我堅持只對自己付出，我便什麼也得不到，因為我無法自我產出任何東西，因此我將什麼也不是。在這之後，當你來到我面前，問我是否願意為了某些公眾利益而死時，我將一口拒絕，因為活著才能滿足我的個人利益啊。如果我死了，那麼要從哪裡得到情感上的補償？人會為了家而死，而不會為桌椅而死；人會為了建造教堂而死，而不會為了石塊而死；人會為了族人而死，而不會為了暴民而死；人會為了對人類的愛而死——因為人類是團體社會的梁柱基石。人只會為了自己賴以生存的事物而死。

我們的社會之所以還算幸運而且人們好像還能維持自己獨特性的唯一

原因，是這個因無知而被我們所背叛的文明，仍然散發著垂死的光芒，繼續保護著我們。

如果是連我們自己都不了解的事，敵人又怎麼可能了解呢？他們從我們身上看見的，只是散布在田野之間的石頭罷了。他們試圖以某種方式將意義賦予大我概念——一種我們不再知道如何定義的概念，因我們心中已無大我的存在。有些敵人乾脆直截了當得出了最極端的邏輯結論——對他們而言，大我是一種絕對的總和。每塊石頭都是一模一樣的，每塊石頭都能夠自我管理。這就是無政府狀態，而無政府主義者基於對大我的敬重與認識，相當嚴格地要求每個人實踐其原則。這種嚴格的態度顯現出的矛盾，甚至比存在於我們社會中的矛盾還要嚴重。

也有人蒐集了散落的石頭，在田野間把它們堆疊起來，他們是推廣大眾權利的人，但所用的方式不好。假如說不該由一個人任意統治大眾，那麼大眾也同樣不該藉其力量去壓迫一個人。

仍然有些人會將沒有力量的石頭集合起來，等累積到一定的數量，便形成國家。而他們的國家也同樣是一盤散沙的集合體，無法超越那些組成它的人。它代表著群體將權力交到了一個人的手上。這個政權是由一塊宣稱與其他石頭一模一樣的石頭，統治著其他石頭。這個國家宣揚一種我們仍然拒絕接受的集體道德規範。可是，儘管如此，為了接受新的集體道德規範，於是我們朝著遺忘大我——它能為我們的拒絕做辯護——的方向緩慢前進。

這個新宗教的忠實信徒為了顧全大局，會拒絕讓幾名礦工冒著生命危險，去拯救一名受困的礦工，因為那樣的話，整堆石頭都會出錯。如果由於一名傷兵而拖累了整個部隊，他們會處理掉這名傷兵。對他們而言，集體的好處是要用數字做計算的——他們只用數字做決定，而經由計算學到的一課是，企圖超越自我是不划算的。由於無法提升自己的思考層次去理解他人，他們便厭惡那些與自己不同的人：不同的種族、生活方式與思想體系在他們看來都是種冒犯。他們沒有能力包容他人，因為如果要說服他人接受自己的做法，強迫他人放棄自己的想法是沒辦法透過砍斷他們的手腳來達成目的的，必須要引導他們表達自己的願望，並提供能幫助他們達到目標的資源。包容就是給予自由，正如同教堂容納了建造它的石塊。沒有教堂，這些石塊便沒有意義。而石堆無法容納其他事物，一旦我們想往石堆中間塞東西，這堆起的石塊便會崩落。

堆起的石塊擁有比散落於田野的石塊還強大的力量，這並不奇怪，畢竟它也有著較重的重量。然而更有力量的是我自己。如果我能找到自己；如果人文主義在我們之間建立起大我的概念；如果我們能利用那最有效的工具——慈善，來找到自己所歸屬的團體，我就能更加強大。因為我所歸屬的團體是由我的文明所打造而成，它不是因利益而結合，而是因給予而團結。

我更加堅強，因為樹比組成它的材料更堅強，它吸收了這些材料，使它們成為自己的一部分。大教堂比任何石頭堆還更光彩奪目。我之所以變得更強壯，是因為只有我的文明才有權力將所有個體連結在一起，而不會剝奪任何個體的個性。

當我起飛航向阿拉斯時，我只問自己能得到什麼，而沒想到付出。這樣是沒有用的。我們必須先付出才有收穫，先有建設才能居住。在阿拉斯上空，我付出的鮮血讓我燃起對同胞的愛，就如同母親透過奉獻乳汁發現自己對孩子的愛一樣。這其中有種神祕性。我們必須先有所犧牲，愛才會應運而生。接著，愛將促使我們做出更多犧牲，並確保我們終將獲得勝利。但要踏出第一步的是我們自己，沒有出生，何來生存。

當我從阿拉斯回來時，心中已對農夫一家有了連結與牽掛。從農夫姪女那澄澈透明的笑容中，我看見了家鄉的麥田。在我的家鄉之外，我看見我的國家，而在我的國家之外，我看見了世界上其他的國家。迎接我回家的文明，是選擇讓大我的概念成為其信仰基石的文明。我回到2－33中隊——一個自願為挪威奮戰的隊伍。這天我穿衣整裝，是為了服事那看不見的上帝。阿拉斯開啟了我的眼界，和中隊的其他人一樣，我不再盲目。或許明天阿里亞斯會命令我加入另一個偵察任務。如果明天破曉之時，我又再度出發奮戰，我當知自己為何而戰。我已不再盲目，也想讓自己記得眼睛曾看到的一切。我需要一個簡單的信念來讓自己記住這些。

我相信大我凌駕於個人之上，也相信全世界的利益大於單一國家的利益。

我相信對宇宙的崇拜能昇華個人獨特的資產，並找到其專屬的秩序——所謂生命的秩序。無論樹根與樹枝是如何分歧而長成各種面貌，樹木仍屬於自然秩序的一環。

我相信對特定事物的推崇是死路一條。追求過於一板一眼的秩序讓人見樹而不見林，如同為了讓石頭排成一條直線，不惜摧毀一座教堂。因此我堅決反對將自我的生活方式強加於他人身上、讓特定的族群欺壓其他族群，或是讓特定的思想系統凌駕於其他思想之上。

我相信人一旦以他人為優先，便能找到有意義的平等與自由。我相信全體人類有著同樣平等的權利，也相信自由代表著全體人類的自我提升。平等不能用身分認同做判定，而自由也不是讓個人利益凌駕於群體之上。

面對那些拿著自由來行使個人或少數人利益之徒，我將堅決反抗到底。

我相信我的文明所謂的慈善之舉，是為了個人實現而對大我做出的犧牲。慈善是透過對無名小卒的施捨，來呈現對大我的慷慨之舉。慈善創造了大我，讓平庸之人也能得到應有的尊嚴。有些人企圖摧毀大我概念，而讓個人陷於無法挽回的平庸之境，我將堅決與之反抗到底。

我將為全體人類戰鬥，反抗大我的敵人，也反抗我自己。

XXIV

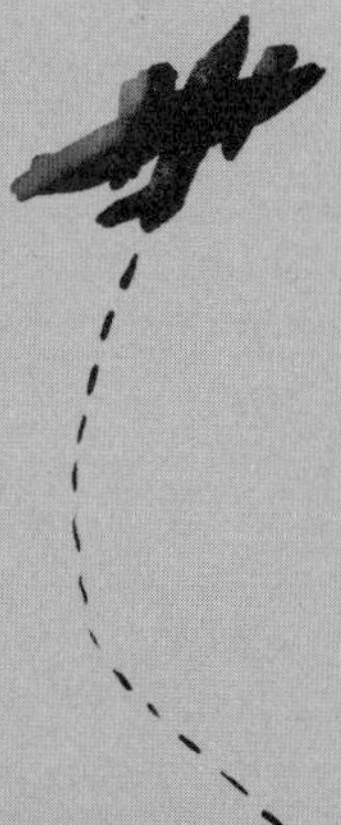

我們奉命在半夜集合，整個2－33中隊都睡眼惺忪。等到暖爐中的火焰已化為灰燼，中隊的人看上去似乎仍撐著，但其實這是假象。赫斯德抑鬱地盯著他的寶貝手錶，佩尼柯特站在牆角閉起眼休息。嘉瓦坐在桌上，眼神空洞地搖晃雙腿，扁著嘴的樣子看起來像是個快哭的孩子。軍醫邊看書邊打盹。阿里亞斯獨自清醒著，但他的臉色慘白得可怕。他將文件放在燈光下，低聲和吉列討論事情。這討論確實帶給人一種錯覺。少校說著話，而吉列點頭說：「是，當然了。」這話他說得用力，那越來越急切地附和少校言論的樣子，就像一個溺水之人死命攀住其他泳者的脖子似的。要我是阿里亞斯，我就會不動聲色地說：「吉列上尉，你即將被處決。」然後看看他要怎麼回答。

整個中隊已經三個晚上沒有睡覺了，我們站著像是紙牌立起的房子，一碰就會倒。

少校起身走向拉科戴爾，把他從睡夢中叫醒，他大概正夢到在棋局中把我打得落花流水呢。

「拉科戴爾！對地低空偵察任務就交給你了，天亮出發。」

「沒問題，少校。」

「你最好睡一下。」

「是，少校。」

拉科戴爾再度坐下。少校領著行屍走肉般的吉列離開，像用釣魚線拖走一條死魚。吉列幾乎一個禮拜沒有上床睡覺了，他和阿里亞斯一樣，除了自己有偵察任務要執行，還肩負著中隊上其他的責任。人類的抵抗力是有限度的，而吉列似乎超越了他的極限。現在阿里亞斯和他一起，如同泳者背著溺水者，出發去參謀總部接收那些幽靈般的命令。

維辛，多疑的維辛，本來站著睡著了，現在卻搖搖晃晃地向我走來，像極了在夢遊：

「你睡了嗎？」

「我……」

我本來躺在一張扶手椅上（因為這扶手椅是我找到的），昏昏欲睡。

而維辛的聲音吵醒了我。他剛說了什麼？「看來糟糕了，老傢伙……絕地封鎖……看來糟了啊……」

「你睡著了嗎？」

「我……沒有……什麼東西好像糟糕了？」

「戰爭。」他說。

還真是新鮮事啊，我又陷入了昏沉之中，咕噥著：「什麼戰爭？」

「你說『什麼戰爭』是什麼意思！」

這對話沒有持續多久。啊，寶拉！如果能夠在飛行中隊安插一名提洛爾的保姆，那麼我們必定早早便被趕上床睡覺了。

少校打開門，大吼：「都安排好了！我們今晚動身離開！」

吉列站在少校身後，已徹底清醒。他到明天晚上前都不會再說一句「是，當然」了。不知何故，他將再一次找到僅存的力量來應付移防時的體力勞務。

整個中隊的弟兄都站了起來，一起說：「再次移防嗎？沒問題，長官。」沒辦法，除此之外還有什麼可說的呢？

沒有什麼可說的。我們必須準備移防。拉科戴爾留下來等待在黎明時起飛，隨後再跟上我們。如果他回得來，我們就會在新的基地相見。

明天也沒有什麼可說的。在旁觀者眼中，我們明天就會戰敗。而被打敗的一方是沒有權利說話的，如同沉默的種子一樣。

世紀經典 04

航向阿拉斯

作　　者　安東尼．聖修伯里
繪　　者　伯納德．拉莫特
譯　　者　林欣誼

封面設計　黃耀霆　**責任編輯**　林雅雯　**內文排版**　游淑萍
副總編輯　林獻瑞　**印務經理**　黃禮賢

社　　長　郭重興　**發行人兼出版總監**　曾大福
出 版 者　遠足文化事業股份有限公司　好人出版
新北市新店區民權路108-2號9樓
電話02-2218-1417#1282　傳眞02-8667-1065
發　　行　遠足文化事業股份有限公司　新北市新店區民權路108-2號9樓
電話02-2218-1417　傳眞02-8667-1065
電子信箱service@bookrep.com.tw　網址http://www.bookrep.com.tw
郵政劃撥　19504465　遠足文化事業股份有限公司
法律顧問　華洋法律事務所　蘇文生律師
印　　製　成陽印刷股份有限公司　電話02-2265-1491

初版　2021年4月1日　**定價**　380元
ISBN　978-986-99776-5-4

國家圖書館出版品預行編目(CIP)資料

航向阿拉斯／安東尼．聖修伯里作；林欣誼譯. -- 初版. -- 新北市：遠足文化事業股份有限公司好人出版：遠足文化事業股份有限公司發行, 2021.04
面；　公分. --（世紀經典；4）
譯自：Flight to Arras.
1.聖修伯里（Saint-Exupéry, Antoine de, 1900-1944.）
2.空軍 3.傳記 4.法國
ISBN　978-986-99776-5-4（平裝）

784.28　　110003839

讀者回函QR Code
期待知道您的想法